Hausgemacht

Angesetzt

av BUCH

Hausgemacht

Angesetzt

Christina Nack

ESSIG UND ÖL
selbst ansetzen
und aromatisieren

av BUCH

Inhalt

Vorwort

Im Salat sind sie das Traumpaar schlechthin und auch einzeln sind sie aus unseren Küchen nicht wegzudenken: Wenigstens je eine Flasche Essig und Öl finden sich in jedem Haushalt. Oft fristen beide freilich ein stiefmütterliches Dasein, sind Nebenakteure im kulinarischen Szenario, wenig beachtet neben den Hauptdarstellern Salat, Gemüse, Fleisch. Mal ehrlich: Viele von uns greifen im Supermarkt vielleicht nicht gerade zum billigsten Essig und billigsten Öl, aber so richtig wichtig sind uns beide auch wieder nicht, und woher sie stammen, woraus und wie sie produziert wurden, interessiert die meisten von uns nur mäßig.

Das war bei unseren Vorfahren anders, denn deren Essige und Öle wurden von Bauern, Winzern und Essigsiedern aus der Umgebung erzeugt. Die Produkte waren bodenständig, wurden in den Haushalten oft individuell verfeinert und waren über den Gebrauch als Würz- und

Konservierungsmittel hinaus als vielseitige Helfer im Alltag geschätzt. Es gab freilich kaum Auswahl, zu Apfel- und Weinessig gesellten sich je nach Gegend und Tradition Lein-, Raps- oder Sonnenblumenöl.

Heute ist die Angebotspalette unübersichtlich groß und das Konsumverhalten von zwei Extremen markiert. Die einen müssen mit jedem Cent rechnen und kaufen so günstig wie möglich ein, einen einfachen Apfelessig vielleicht und ein solides Öl, das „alles" mit sich machen lässt. Die anderen sind gesundheitsbewusste Genießer und anspruchsvolle Feinschmecker, die auch eine breitere Bevölkerung für Vielfalt und Wert edler Essige und Öle sensibilisiert und Trends in Gang gebracht haben. Die Nouvelle Cuisine und die Entdeckung der Leichtigkeit in der französischen Küche sorgten in den Sechziger- und Siebzigerjahren für einen regelrechten Essigboom. Man erinnere sich nur an den euphorischen Einzug des Aceto Balsamico in die Alltagsküche, der plötzlich in keinem Salat fehlen durfte und nachgerade diktatorisch zelebriert wurde.

Wir wollen auf den folgenden Seiten zeigen, dass Qualitäts- und Preisbewusstsein keine Widersprüche sein müssen. Dann nämlich nicht, wenn auf Basis heimischer Grundprodukte Essig selbst angesetzt und Öl selbst aromatisiert wird – wie das geht, erfahren Sie auf den folgenden Seiten. Mit unserer kleinen Entdeckungsreise in die wundersamen Welten von Essigen und Ölen wollen wir zu eigenen Erkundungen und kreativen Experimenten einladen und wünschen Ihnen, verehrte Leserinnen und Leser, viel Spaß dabei.

Christina Nack

Christina Nack

Die Welt der Essige

Der saure Saft
VON EINST BIS JETZT

Essig gab es sozusagen „schon immer", schon bevor Menschen die Erde bewohnten. Im Grund genommen ist Essig die natürliche Sinngebung von Fruchtzucker. Wenn nichts dazwischenkommt – z. B. Menschen oder Tiere, die sich am reifen Obst gütlich tun –, wird der Fruchtzucker von Äpfeln, Himbeeren, Kirschen und dergleichen zu Alkohol und aus dem dann Essig. Im Prinzip kann aus allem Essig werden, was sich zu einer alkoholischen Flüssigkeit vergären lässt, von Weintrauben, sämtlichen Obstarten, Getreide und Kartoffeln bis hin zu Kokosmilch. Dass dabei stets Sauerstoff im Spiel ist, verrät schon die chemische Formel für Essigsäure: CH_3COOH.

Alleskönner Essig

Essig ist ein Endprodukt, mit ihm ist die biochemische Reaktionskette abgeschlossen. Darum eben ist Essig ideal zur Haltbarmachung von Lebensmitteln. Zusammen mit Salz, Alkohol und Zucker ist Essig das älteste Konservierungsmittel der Menschheit. Er verhindert oder verzögert zumindest das Wachsen von Mikroorganismen in Nahrungsmitteln und war von der Antike bis zur Neuzeit das einzig wirksame Desinfektionsmittel und vielseitigste Medikament. Er regt die Produktion der Bauchspeicheldrüse an und somit das Verdauungssystem, er stimuliert Kreislauf und den Stoffwechsel insgesamt. Wegen seiner keimtötenden Wirkung ist Essig zudem eine natürliche Waffe gegen bakteriell bedingte Krankheiten. Die natürlichste Anlage zur Essigproduktion ist übrigens der menschliche Körper. Essig entsteht als Zwischenprodukt bei der enzymatischen Aufbereitung von Speisen. Täglich erzeugt unser Körper rund 100 g Essig, um Fette, Kohlenhydrate abbauen und Proteine verwerten zu können.

Auf den Spuren der Geschichte

Wann und wo auf der Welt der erste Mensch auf das Phänomen Essig aufmerksam wurde, ist nicht bekannt. Vermutlich gab es mehrere „erste Menschen“, die auf allen Kontinenten mehr oder minder zeitgleich den Essig entdeckten, zweifellos stets durch Zufall. So könnte es gewesen sein: Vor 8000 Jahren (aus dieser Zeit stammen die ältesten Essignachweise), möglicherweise auch 1000–2000 Jahre früher, schöpfte eine ägyptische oder chinesische Hausfrau Wein aus einem Tonkrug und vergaß, ihn wieder zu verschließen. Als sie sich eine Weile später erneut bedienen wollte, zuckte sie vermutlich beim aufdringlichen Geruch, der aus dem Gefäß strömte, naserümpfend zusammen, und beim vorsichtigen ersten Kosten kräuselte sich der Gaumen. Der Trauben- oder Apfelwein war zu Essig geworden. Doch zum Glück schüttete unsere steinzeitliche Hausfrau den sauren Saft nicht weg, sondern sann nach Möglichkeiten, ihn zu verwenden.

Heil-, Konservierungs- und Genussmittel

Die Wirkungsweise von Essig wurde von unseren Vorfahren schnell erkannt und vielfach genutzt. Vor 4000 Jahren schon tranken die Menschen in Mesopotamien „saures Bier“, das in Ägypten „Hequa“ hieß und aus vergorener Gerste gewonnen wurde. Anfangs wurde Essig vorwiegend wegen seiner heilenden und konservierenden Wirkung genutzt, nicht als Würzmittel. Der griechische Arzt Hippokrates (460–377 v. Chr.) empfahl die kühlende Wirkung von Essig bei Fieber und riet zu essigsaurem Verband bei Entzündungen und Schwellungen der Haut. Der römische Fachautor Aulus Cornelius Celsus (um 25 v.–50 n. Chr.) lobte in seinem Werk „De Medicina“ die Kombination von Weinessig und Thymian bei der Wundbehandlung.

Die alten Babylonier konservierten ihre Jagdbeute in Essig, wodurch das Fleisch zugleich desinfiziert wurde. Allseits beliebt rund ums Mittelmeer war Essigwasser als gesunder Erfrischungstrunk. Es gehörte nebst Wein zum Feldproviant römischer Legionäre, denn so konnten sie in der Fremde ihren Durst stillen, ohne eine Ansteckung durch Keime im oft verschmutzten Wasser fürchten zu müssen.

In der Bibel wird Essig mehrfach als gebräuchliches Getränk erwähnt, in das bei Tisch auch gern ein Brocken Brot getunkt wurde. Tatsächlich war mit Wasser verdünnter und oft zusätzlich aromatisierter Essig von der Antike bis in die erinnerbare Vergangenheit unserer Großeltern ein beliebtes Erfrischungsgetränk, dem prophylaktische Wirkungen gegen alle erdenklichen Krankheiten nachgesagt wurden. Sogar bei der Pest sollte mit Kräutern angereicherter Essig helfen.

Apropos

So rätselhaft Entstehung und Naturell von Essig jahrtausendelang waren, so fantasievoll und abstrus waren Gerüchte und Legenden, die sich um ihn rankten. Hexen sollen aus ihm geheimnisvolle Zaubersäfte gebraut haben, die gegen den bösen Blick und böse Schwiegermütter, gegen Schlangenbisse und Verarmung geholfen haben sollen.

Essig in aller Munde

Mit den positiven Erfahrungen wuchs das Bedürfnis nach Essig, der nachgerade als Zaubersaft mit geheimnisvollen Kräften verehrt wurde und zum Alleskönner avancierte. Quer durch alle sozialen Schichten erlagen die Menschen der Magie des Essigs. Er war selbst für ärmere Familien erschwinglich und ein Segen insbesondere bei der Behandlung offener Wunden. Durch Desinfektion mit Essig konnte der früher fast immer tödliche Wundbrand häufig vermieden werden.

Vor 150 Jahren gab es noch keine Kühlschränke – die Haltbarmachung von Lebensmitteln hatte eine ganz andere Brisanz als heute, Unterversorgung mit Vitaminen war eine häufige Krankheitsursache. Dank des Einzugs von Essig in die Alltagsküche konnte endlich Gemüse für die langen Winter haltbar gemacht werden; Sauerkonserven wurden unverzichtbarer Proviant für lange Schiffs- und Bahnreisen.

Im Mittelalter war Essig derart beliebt, dass Straßenhändler von Haus zu Haus zogen, um den „Sauertopf" zu füllen. In Europa war Frankreich die führende Essignation und erkannte früh, dass die Qualität des Essigs elementar von der Qualität des Weins abhängt: Der alte Satz: „Le bon vin fait le bon vinaigre", ist bis heute in Frankreich ein beliebtes Sprichwort mit erweiterter Symbolik. Essig kam überall bei der feinen Gesellschaft Europas in Mode. Bis zum 18. Jahrhundert gingen britische Gentlemen und Ladys nie ohne duftende „pomanders" oder „pouncet boxes", kleine durchlöcherte Döschen, in denen sich essiggetränkte Schwämme befanden, am Hals aus dem Haus. Deren Geruch übertönte den Gestank in den verdreckten Städten, die Essigaura war zugleich ein Schutzmantel gegen Keime in der schlechten Luft. Später wurden diese durchlöcherten Essigbüchsen gar aus Gold und Silber gefertigt und „vinaigrette" genannt. Auch vornehme Damen, die wegen ihrer eng geschnürten Taillen häufig in Ohnmacht fielen, wurden mit Essigriechfläschchen aufgeweckt.

Europa enträtselt das Essigmysterium

„Acetum“ (acescere = sauer werden) nannten die alten Römer ihren Essig, schlicht „oxys“ (sauer) hieß er bei den Griechen, woraus ein paar Tausend Jahre später die internationale Vokabel für Sauerstoff „Oxygenium“ abgeleitet wurde. Schon in der Antike ahnten die Menschen, dass die seltsame Metamorphose von Wein etwas mit Luft zu tun haben musste. Doch dass die eigentliche Arbeit von unsichtbaren Mikroorganismen erledigt wird, die dazu Sauerstoff „atmen“ müssen, um den Alkohol „fressen“ zu können, wussten sie nicht. Dieses Geheimnis sollte erst ein paar Jahrtausende später gelüftet werden.

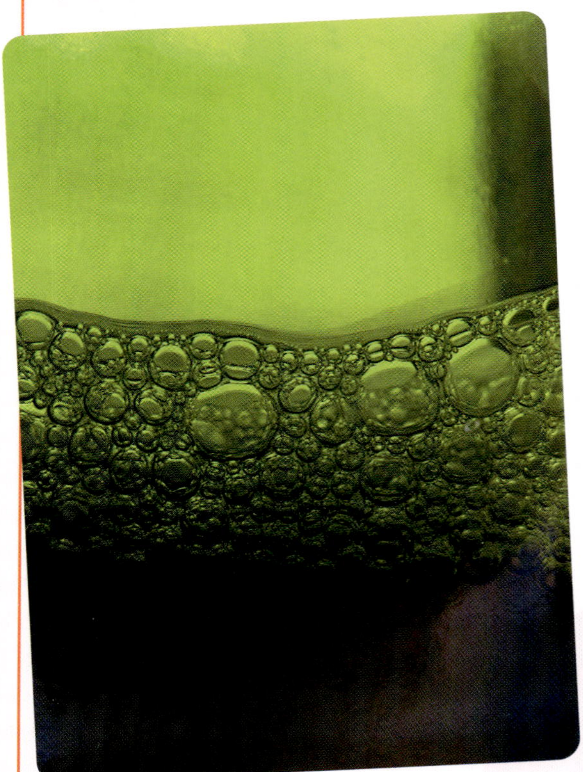

Dem Wein Luft verschaffen, warten und hoffen: So, mehr oder weniger, wurde Essig jahrtausendelang produziert. Man verließ sich auf Experimente und auf Erfahrungen, nicht auf Wissen. Das Essigmachen war kein Handwerk, sondern eine Kunst. Trotz systematischer Methoden spielte der Zufallsgenerator eine große Rolle bei der Produktion – entsprechend hoch war die Fehlerquote.

Medizinische Forschungen über das Entstehen von Essig kamen erst spät und schleppend in Gang, doch dank der Vorarbeiten des Holländers Hermann Boerhaave und des Briten Sir Humphrey Davy gelang dem Pionier der Mikrobiologie, Louis Pasteur, im 19. Jahrhundert der Durchbruch. Er wies nach, dass bestimmte Bakterien den Alkohol in Essig verwandeln und zugleich den Befall durch andere Mikroben verhindern. Darum ist Essig ein Endprodukt von theoretisch unbegrenzter Haltbarkeit.

Mit der Erkenntnis, dass bestimmte Bakterien für die Umwandlung von Alkohol in Essigsäure verantwortlich sind, eröffneten sich neue Welten für die Essigproduktion. Endlich konnte gezielt an der Entwicklung effektiver Verfahren gearbeitet werden. Im 19. Jahrhundert machte jeder große Gutshof seinen eigenen Essig, es entstanden unzählige „Essigfabriken“ in Europa, die das wachsende Bedürfnis der breiten Bevölkerung nach Essig von solider, verlässlicher Qualität stillten.

Vom Komparsen zum Hauptakteur

Nachdem sich das hungrige Europa der Nachkriegszeit an deftigen Kalorienbomben satt gegessen und sich auch die Haute Cuisine der Lust am Fett hemmungslos hingegeben hatte, folgte in Gestalt französischer Gourmets wie Fernand Points, Michel Guérard und Paul Bocuse die Gegenbewegung. Die Nouvelle Cuisine hielt Einzug in die vornehmen Restaurants und setzte auch neue Akzente am heimischen Herd. Gefragt waren jetzt ausgeklügelte kulinarische Kreationen, die das Eigenaroma der einzelnen Komponenten unterstützten und die Gaumen mit filigraner geschmacklicher Nuanciertheit kitzelten. Leicht, lecker und bekömmlich sollten die Gerichte sein, von höchster Güte die Zutaten. Wieder begann eine neue Ära des Essigs bzw. der Essige, jetzt als raffiniertes und flexibles Würzmittel. In allen Ländern und auf allen Kontinenten entwickelten sich eigene Essigtraditionen und kulinarische Spezialitäten über klassische Salatsoßen hinaus. Erwähnt seien zum Beispiel französische Cornichons, englische Mixed Pickles und Sushi aus Japan.

Mittlerweile ist Essig nicht mehr ein Neben- oder gar Abfallprodukt in Weingütern, sondern wird von Winzern und Essigmachern als charaktervolles „Mittel zum Leben“ aus hochwertigen Grundstoffen in jahreszeitlich immer neuen Varianten komponiert. Experten inszenieren die Verkostung von Edelessigen wie eine Weinprobe, an die auch das Vokabular erinnert, mit der die sauren Säfte beschrieben werden. Das ist kein Wunder, schließlich vollendet ein edler Wein, Champagner oder Sherry im Essig seine Sinnfindung und verschreibt ihm dazu seine Seele.

Wie entsteht ESSIG?

„Damit ist's Essig" – mit dieser Metapher werden gescheiterte Pläne und Misserfolge beschrieben. Wenn etwas nicht klappt oder nicht stattfindet, ist's Essig. Diese Redensart hängt möglicherweise damit zusammen, dass Essig bis zur Entdeckung Pasteurs mehr oder minder ein Zufallsprodukt mit hoher Fehlerquote war. Doch das assoziative Bild, Essig sei schlecht gewordener Wein, ist definitiv falsch. Wein will zu Essig werden, das ist die richtige, weil naturgemäße, Perspektive. Wein kann nur mit Gewalt an der Essigwerdung gehindert werden – nämlich durch rasches Trinken nach dem Öffnen von Flasche oder Fass oder durch Schwefelung.

Das Prinzip der doppelten Gärung

Prinzipiell kann aus jeder Frucht Essig werden. (Ausnahme sind Zitrusfrüchte, deren Fruchtzucker sich nicht zu alkoholischer Vergärung eignen.) Zuerst müssen die Früchte zu Saft gepresst werden, dann vergärt der Fruchtzucker im Saft im luftdichten Raum und mithilfe von Hefepilzen zu Alkohol. Dann wird der Alkohol mithilfe von Essigbakterien, die Luft zur Vermehrung brauchen, zu Essig vergoren. Die Essiggärung ist also ein Oxidationsprozess und wird auch „Veratmung" genannt. Je alkoholhaltiger das Ausgangsprodukt ist, desto saurer wird der daraus gewonnene Essig. Nach der Faustregel entspricht bei der professionellen Essigproduktion 1 % Alkohol 1 % Essigsäure. Bei der häuslichen Produktion hingegen wird sich stets ein wenig Alkohol verflüchtigen und der Säuregehalt prozentual unter dem Alkoholgehalt liegen.

Die Essigmutter

Bei der Essiggärung bildet sich an der Oberfläche der weingeistigen Flüssigkeit ein sichtbarer, „glibbriger" Film aus Essigbakterien. Dieser größer und allmählich kompakter werdende Teppich ist die Essigmutter. Manche Essigmütter sind fadenförmig und müssen nicht zwangsläufig eine geschlossene Decke bilden. Je nach Ausgangsprodukt reicht die Farbpalette von weißlich durchsichtig bis zu tiefen Rot- und Brauntönen. Je größer und älter eine Essigmutter wird, desto fester und zäher wird ihre Konsistenz.

Prinzipiell entsteht eine Essigmutter ohne Zutun, indem sich die überall vorhandenen Essigbakterien auf der Oberfläche der Gärflüssigkeit vermehren. Der Start der häuslichen Essigproduktion wird allerdings durch eine fertige Essigmutter erleichtert, die im Fachhandel erworben werden kann. Mit diesen Starterbakterien wird der Frucht- oder Traubenwein „geimpft". Dieselbe Funktion erfüllt Impfessig, auch Stammessig genannt. Das ist ein Essigrest aus zurückliegender Essig-

produktion, der eine Essigmutter oder Essigbakterien in hoher Konzentration enthält. Im Lauf der häuslichen Essigproduktion werden Sie also auch über eigene Impfessige verfügen, die Sie aufs Neue mit Alkohol „füttern" können.

Warum Nichtstun zu wenig ist

Eigentlich könnte die Essigherstellung doch ganz einfach sein: Man füllt eine alkoholische Flüssigkeit in ein offenes Gefäß und wartet, bis die fleißigen Winzlinge den Alkohol gefressen und verstoffwechselt haben. Das kann auch klappen – so ungefähr haben es die Menschen vom Altertum bis zur Neuzeit gemacht –, oft klappt es aber nicht. Wenn die Kommunikation zwischen Sauerstoff, Alkohol und Bakterien gestört ist, wird Misserfolg vorprogrammiert sein. Das geschieht, wenn die

Bakterien durch Fremdstoffe in der alkoholischen Ausgangsflüssigkeit behindert, überfordert und ausgebremst werden. So willig sich Essigbakterien vermehren, wenn sie sich wohlfühlen, so schnell streiken sie, wenn sie keine adäquaten Lebensbedingungen vorfinden, und sterben irgendwann ab. Das kann bei zu alkoholreicher Flüssigkeit oder auch schwankenden Temperaturen und vor allem Kälte passieren; am wohlsten fühlen sie sich bei konstanter Wärme von 25–30 °C. Äußerst verschnupft reagieren Essigbakterien, wenn ihnen mit den geliebten Alkoholmolekülen zugleich Widersacher wie Schwefel begegnen, der fast immer im Wein enthalten ist. Die Winzer schwefeln den Wein ja eben deshalb, um ihn haltbar zu machen und vor unerwünschter Oxidation durch Säurebakterien zu schützen.

Von der Vorstellung, eine angebrochene Flasche Wein mir nichts, dir nichts in Essig zu verwandeln, müssen wir uns also verabschieden. Die Essigbakterien würden ihre Arbeit vielleicht beginnen, wenn sich schon hinreichend Schwefel aus dem Wein verflüchtigt hat, aber nicht vollenden. Das Gebräu wird zwar sauer, aber ungenießbar. Weinessig aus eigener Produktion kann nur gelingen, wenn der Wein gar keinen oder sehr wenig Schwefel enthält.

Gewerbliche Methoden der Essigherstellung

Um Fehler in unserer privaten Essigmanufaktur zu vermeiden, ist das Verständnis von gewerblicher Essigherstellung mit einem Blick in die Vergangenheit hilfreich. Im Wesentlichen gibt es drei Varianten.

Das **Orléans-Verfahren**, auch „offenes Verfahren" genannt, ist das älteste und wurde im ausgehenden Mittelalter zufällig von französischen Winzern entdeckt. Während des Transports einiger Holzfässer Wein nach Paris hatte sich bis zum letzten schiffbaren Hafen in Orléans so mancher Wein in Essig verwandelt. Diese seltsame Metamorphose konnten sich die Winzer zwar nicht erklären, ihre Erfahrungen waren aber Basis für die Essigherstellung in größerem Stil: Holzfässer mit oben vergrößerter und luftdurchlässig abgedeckter Öffnung wurden zu zwei Dritteln mit Wein gefüllt. Der wurde mit einer Essigmutter oder mit einem Rest „Stammessig" aus vorheriger Produktion geimpft – und dann hieß es warten und hoffen, dass der Alkohol vollständig abgebaut sein würde.

Aus diesem zeitaufwendigen Orléans-Verfahren entwickelte Johann Sebastian Schützenbach im 19. Jahrhundert das nach ihm benannte **Schützenbach-Verfahren**, das mancherorts in Grundzügen noch heute angewendet wird. Die zündende Idee: Statt auf der Oberfläche zu schwimmen, haften die Bakterien an Trägersubstanzen, weshalb die Methode auch **Fesselverfahren** genannt wird. Mehrere Holzfässer nebeneinander („Ständer") werden mit Buchenspänen oder Spindeln von Maiskolben gefüllt, um den Essigbakterien mehr Oberfläche zum „Andocken" zu bieten. Der Wein rieselt langsam durch den durchlöcherten Fassdeckel ins Fass, vorbei an den Buchenspänen, an denen sich die Bakterien beschleunigt vermehren. Wenn der Wein unten im Fass angekommen ist, wird er aus dem Zapfhahn gelassen und tropft durchs nächste Fass.

Der Nachteil des Fesselverfahrens liegt auf der Hand: Nicht nur der Essig in spe ist ständig in Bewegung, sondern auch der Essigmeister. Eine weniger arbeitsintensive Weiterentwicklung ist der Großraumbildner als geschlossenes System, bei dem die Weinmaische nach oben gepumpt wird und in mehrfacher Rotation über die Späne sickert.

Die dritte und heute übliche Methode zur Essigherstellung ist das **Submersverfahren** im Edelstahltank, Acetator genannt. Dabei haften die Bakterien nicht mehr auf Trägersubstanzen, sondern schweben frei in der Gärflüssigkeit. Von unten wird ständig Luft in den Tank geblasen, sodass die Maische von innen nach außen geschleudert wird. Dabei entsteht ein luftiger, möglichst kleinperliger Schaum, in dem die Essigbakterien leben. Sie sind von Luft und Alkohol zugleich umgeben und nicht darauf angewiesen, an der Oberfläche zu schwimmen. Der Prozess wird vom Computer überwacht und gesteuert, der Stand der Gärung – also der Proporz zwischen Alkohol und Säure – wird ständig analysiert und so der richtige Zeitpunkt für die „Essigernte" festgestellt.

Kleines Abc DER ESSIGSORTEN

Aceto Balsamico Tradizionale di Modena

Der originäre Balsamico aus dem italienischen Modena wird nicht aus Wein, sondern aus dem Most der süßen weißen Trebbiano-Trauben hergestellt, die so spät wie möglich gelesen werden, um der Sonne auch noch ihre letzten Strahlen abzuringen, die ihnen einen zusätzlichen Schuss Süße verleihen. Sobald im Traubensaft erste Anzeichen von Gärung sichtbar werden, aber noch bevor sich aus dem Zucker Alkohol gebildet hat, wird er filtriert und im Kessel auf offener Flamme langsam eingekocht, erneut filtriert und nach dem Abkühlen in die typischen Holzfässer umgefüllt. Der Essig durchwandert während seiner Werdung eine Serie von zwölf Fässern aus verschiedenen Hölzern, die mit dem Essig in spe interagieren. Dieser wird im Laufe seiner Reife zunehmend gehaltvoller und verliert äußerlich an Volumen, weshalb die Fässer sukzessive kleiner werden. Aceto Balsamico muss mindestens zwölf Jahre reifen, um mit dem Attribut „Tradizionale" – und bei einer Alterungszeit von mindestens 25 Jahren mit der Zusatzbezeichnung „Extra Vecchio" – geadelt werden zu dürfen. Für das Phänomen, dass Alkohol- und Essiggärung mehr oder weniger gleichzeitig ablaufen, gibt es bis heute keine verbindliche Erklärung. Was auch Experten perplex macht, ist die paradoxe Tatsache, dass Hefepilze, die bei der alkoholischen Gärung unter Ausschluss von Luft

arbeiten, und Essigbakterien, die zur Verrichtung ihres Jobs notwendigerweise Sauerstoff brauchen, bei der traditionellen Modena-Methode gemeinsame Sache machen. Essigmeister Leo Weyers erklärt das Phänomen, dass die Essigmutter auf der Oberfläche der Flüssigkeit das Eindringen von Sauerstoff in deren Tiefen verhindert, sodass die Hefepilze weiter unten in Ruhe arbeiten können und sich die Mikroorganismen nicht in die Quere kommen.
Der königliche Essig kommt nur in geringen Mengen und zu königlichen Preisen auf den Markt (für 100 ml werden 100 Euro und mehr bezahlt); davor wird er streng von einem Konsortium geprüft, in die typischen 100-ml-Giugiaro-Flaschen gefüllt und mit Prüfsiegel und Registriernummer versehen. Wegen seiner einzigartigen Süße ist Balsamico ideal zum Aromatisieren von Obst, er harmoniert köstlich mit nussigen Salaten wie Feld- und Ruccolasalat und verleiht auch vielen warmen Gerichten eine raffinierte Note. Nach alter Erfahrung ist Balsamessig stets die letzte Zutat bei Gerichten, mit Ausnahme von rohem Gemüse, das erst gesalzen und dann mit Balsamessig und Öl angemacht wird. Warme Speisen werden erst kurz vor dem Servieren mit Balsamessig beträufelt.
Auch hierzulande werden nach dem traditionellen Verfahren aus Modena – freilich nicht gar so streng – köstliche Balsamessige hergestellt, wozu auch Früchte wie Himbeeren, Kirschen, Holunder und Pfirsiche vergoren werden.

Apfelessig

Er ist der Klassiker in der Gesundheitsküche, seine Anhänger schwören auf ihn als flüssige Reinkarnation des Apfels. Ob dieser Kult begründet ist, sei dahingestellt, wer sich optimal mit den im Apfel enthaltenen Vitaminen, Mineralien, Spurenelementen und Enzymen versorgen will, sollte auch schlicht einen Apfel essen.
Gleichwohl ist Apfelessig zweifellos einer der gesündesten Essigarten. Er enthält Mineralsalze (vor allem Kalzium und Magnesium), außerdem Vitamine und Spurenelemente. In der Küche passt der verträgliche Apfelessig ähnlich wie Weinessig zu allen Gerichten.

Branntweinessig

Branntweinessig (auch Tafelessig genannt) wird aus dem Destillat von Getreide, Kartoffeln oder Zuckerrübenmelasse gewonnen. Die Stärke wird in Zucker umgewandelt, zu Ethylalkohol vergoren, mit Wasser verdünnt und zu Essig vergoren. Branntweinessig hat viel Säure und schmeckt sonst neutral. In der Lebensmittelindustrie spielt er zur Konservierung von Fisch und zum Einlegen von Gemüse, aber auch als sauerwürziger Bestandteil von Fertigprodukten wie Senf, Mayonnaise und Ketchup eine große Rolle. In der Küche benützt man ihn zum Einlegen und wegen seiner geschmacklichen Neutralität als Grundlage für Aroma- und Kräuteressig.

Fruchtessig

Als Fruchtessig bezeichnet man alle Essige, die aus Fruchtweinen wie Himbeer-, Johannisbeer- oder Kirschweinen hergestellt werden. Im Handel wird auch oft mit Fruchtaroma versetzter Weinessig als Obstessig offeriert.

Kartoffelessig

Um aus Kartoffeln Essig zu gewinnen, muss erst Stärke enzymatisch zu Zucker aufgeschlüsselt werden, was nur professionelle Essigmacher vermögen. Aus Kartoffelschnaps hingegen kann leichter Essig werden, was in der Nachkriegszeit genutzt wurde. Heutzutage ist Kartoffelessig selten geworden.

Malzessig

Vor allem im United Kingdom wird dieser wichtige Bestandteil von „fish and chips“ aus Gerstenmalz gebraut. Er eignet sich aber auch für kräftige Braten und Eintöpfe. Private Versuche, Bier in Essig zu verwandeln, sind allerdings zum Scheitern verurteilt. Im Bier stören Eiweiß und vor allem Hopfen.

Molkeessig

Das ist ein besonders milder Essig, vorwiegend von Schweizer Milchbauern produziert. Er ist ein seltenes Nischenprodukt, das insbesondere von sensiblen Mägen geschätzt wird.

Obstessig

Obstessig wird aus allen Obstweinen gewonnen, basiert aber meist auf Apfel- und Birnenwein. Obstessige haben einen geringeren Säureanteil als Weinessige und sind darum besonders gut für Obstgerichte, leichte Salate und Geflügelsoßen geeignet.

Reisessig

Reisessig wird in Japan aus Reiswein (Sake) gemacht, ist klar und hat einen sanft samtigen Geschmack. In China ist er dunkelbraun mit einem kräftigen Aroma und man gewinnt ihn aus klebrigem Reis, der fermentiert und vergoren wird. Reisessig ist milder als europäische Essige und eignet sich mit seiner intensiv süßlichen Reisnote für alle exotischen Gerichte, etwa für selbst eingelegten Ingwer und zum Marinieren von Fisch und Geflügel.

Sherryessig

Der feurige Spanier aus Andalusien erhält ähnlich wie sein italienisches Pendant durch jahrzehntelanges Lagern in Holzfässern eine gehaltvolle Schwere und ein intensives, süßsaures Aroma. Mit 7 % ist der Säuregehalt recht hoch, weshalb Sherryessig stets sparsam dosiert wird. Er eignet sich für alle Gerichte, die eine süßsaure Note vertragen.

Tresteressig

Trester (auch Treber oder Trasch genannt), also Pressrückstände aus der Wein- und Obstweinproduktion, wird zu einem herben, kernig kräftigen Essig vergoren. Tresteressig hat immer einen intensiven Eigengeschmack und wird für würzige Salate und Gerichte verwendet.

Weinessig

Er macht im deutschsprachigen Raum 40 % der Essigproduktion aus und muss zu 100 % aus Traubenwein gemacht sein. Weinwürziger Essig (auch als Weinbranntessig bezeichnet) ist mit

Branntwein verschnitten, was auf dem Etikett vermerkt sein muss. Da jeder Essig Geschmack und Charakter seines Ausgangsprodukts annimmt, kann nur aus gutem Wein guter Essig entstehen. Das Aroma eines Rotweinessigs kann, muss aber nicht intensiver als das eines Weißweinessigs sein, entscheidend ist das Prädikat des Weines. Essig, der auf einer Beerenauslese basiert, schmeckt kräftiger und dunkler als ein Essig aus leichtem Tafelwein. Ein kräftiger Weinessig sollte auch für kräftige Speisen verwendet werden, etwa für deftige Salate und Fleischmarinaden. Ein milder Weinessig passt eher zu zarten Blattsalaten, zu Spargel, Fisch und Kartoffelsalat und zum Einlegen von Gemüse, Früchten und Fisch.

Grund-
REZEPTE

Essigmachen ist kein Geheimnis mehr, sondern ein erlernbares Handwerk – das Wissen um die biochemischen Zusammenhänge ist unsere Chance auf Erfolg bei der heimischen Essigproduktion. Sie müssen sich ja nicht gleich an einem Balsamico versuchen; die geringsten Risiken für Anfänger birgt ein Essig aus selbst gemachtem Apfelwein. Wenn man die wichtigsten Regeln beherzigt und geduldig mit dem Essig ist, wird er garantiert gelingen.

Bevor man seine häusliche Essigproduktion startet, sollte man sich vergegenwärtigen, dass Essig ein hochwertiges Lebensmittel ist, dessen Qualität stets von der des Ausgangsprodukts abhängt.

Dessen Inhalt und Geschmack bestimmen Inhalt und Geschmack des Essigs. Größten Wert sollten wir also auf die Güte unserer Rohstoffe legen, auch Sauberkeit ist beim Essigmachen geboten.

Um möglichst wenig Enttäuschungen zu erleben, muss man sich mit dem Gedanken anfreunden, die Essigproduktion in drei Schritte aufzuteilen: Erst stellt man Saft her, dann Alkohol, dann Essig. Gekaufte Säfte und Weine enthalten Konservierungs- und sonstige Zusatzstoffe, die die beiden Gärungsprozesse behindern. Das alles klingt nach komplizierten Prozeduren, ist in der Praxis aber halb so wild, wie Sie im Folgenden sehen werden.

Gefäße zur Weinherstellung

- **Glasballons** mit Göraufsatz
- Möglichst dickbauchige **Glaskrüge** mit enger Öffnung

Ist kein Gärballon zur Hand, kann man sich auch mit einem durch einen Luftballon verschlossenen Glaskrug behelfen. Wie auch später bei der Essigherstellung müssen die Gefäße vor dem Befüllen gründlich gesäubert und mit heißem Wasser gespült werden. Mangelnde Hygiene irritiert sowohl Hefepilze als auch Essigbakterien.

Gefäße zur Essigbereitung

Zur Essigherstellung eignen sich kleine Fässer und käufliche Gärbehälter, bei denen der fertige Essig von unten mit einem Schlauch abgelassen werden kann. Als Essigbildner geeignet sind auch Gefäße aus Steingut, Holz, Glas oder Edelstahl; Kunststoff kann ebenfalls empfohlen werden, sofern er geruchsneutral ist. Metallgefäße (außer aus Edelstahl) sind tabu, da es zu chemischen Reaktionen kommen kann. Wir können auch den Gärbehälter von der Weinherstellung zur Essigproduktion verwenden, jetzt freilich ohne Gäraufsatz. Entscheidend ist, dass die Gefäße eine große Oberfläche haben, damit möglichst viel Sauerstoff seinen Weg zu den Bakterien findet. Auch dickbauchige Weinflaschen, Saftflaschen mit großer Öffnung oder größere Einmachgläser reichen aus.

Reifeprüfung

Unter guten Bedingungen hat sich der Alkohol nach einigen Wochen in Essig verwandelt. Auskunft über seine Reife gibt die regelmäßige Geschmacks- und Geruchskontrolle. Kurz vor der Fertigstellung riecht der Essig in spe nicht mehr nach Klebstoff – das ist der Geruch von Ethylacetat und ein Zeichen für die Essigbildung –, sondern fruchtig-sauer. Das Ende der Essigreife ist auch sichtbar: Es gibt für die Bakterien nichts mehr zu tun, wenn sie den Alkohol abgebaut haben – der Teppich auf unserer Flüssigkeit vergrößert sich nicht mehr. Wir lassen unseren fertigen Essig nun noch einige Wochen, besser Monate, ruhen und sich klären, bevor wir ihn in ein anderes Gefäß füllen. Sowohl bei Apfel- als auch bei Weinessig ist der restliche Essig mit der Essigmutter ein prima Stammessig für die Weiterproduktion.

Die häufigsten Pannen

Flüssigkeitsschwund: Wenn die Essigmutter so rasant wächst, dass immer weniger Flüssigkeit im Behälter ist, steht er vielleicht zu warm. Das Bakterienwachstum wird zu stark angeregt, zugleich verdunstet zu viel Alkohol. Gerade im Sommer sollte darum direkte Sonneneinstrahlung vermieden werden, außerdem sollte der Volumenverlust durch Nachfüllen der alkoholischen Flüssigkeit ausgeglichen werden. Grundsätzlich gelingt eigener Essig leichter bei größeren Mengen, ideal für die häusliche Produktion sind 5–10 Liter.

Kahmhefen: Manchmal bilden sich statt der Essigbakterien auf der Oberfläche der alkoholischen Flüssigkeit grau-pelzige Kahmhefen, die die Essigbildung behindern. Sie müssen entfernt werden. Ab und zu tauchen Kahmhefen auch auf der Oberfläche von Ansatzessig auf, der mit Kräutern aromatisiert wurde. Hier war dann der Säuregehalt des Essigs zu gering.

Apropos

Keine Panik, wenn die Essigmutter zu Boden plumpst. Sie wird zwar nicht wieder aufsteigen, aber die Vermehrung von Essigbakterien an der Oberfläche anregen. Nach einer Weile sollte sich dort eine neue Essigmutter gebildet haben.

Apfelessig selbst gemacht

Am einfachsten – nämlich nach dem uralten Prinzip „Nichts tun und warten" – funktioniert die Herstellung von Apfelessig.

Selbst gemachter Apfelsaft

Am besten bewährt hat sich eine Mischung aus süßen und sauren Äpfeln. Die süßen mit ihrem hohen Zuckergehalt sind für den Alkoholgehalt bei der ersten Gärung verantwortlich und damit für den Säureanteil beim späteren Essig. Die sauren Äpfel wiederum sorgen für den kräftigen Geschmack. Die zerkleinerten Äpfel, die sich rasch goldbraun verfärben, werden ausgepresst. Für kleinere Mengen genügen einfache Saftpressen, die in fast jeder Küche zur Verfügung stehen. Frischer, unbehandelter, nicht erhitzter Apfelsaft kann freilich auch in einer Mosterei gekauft oder die eigenen Äpfel können dort gepresst werden.

Selbst gemachter Apfelwein

Zutaten

- 10 l frischer, unbehandelter Apfelsaft
- 1 Beutel Reinzuchthefe oder ein Würfel Backhefe

Zubereitung

Der Saft wird sofort nach dem Pressen mit der Hefe versetzt, das Gefäß zu zwei Dritteln gefüllt und mit dem Gäraufsatz verschlossen. Dieses mit Wasser gefüllte gebogene Röhrchen verhindert den unerwünschten Eintritt von Luft, gleichzeitig kann das Kohlendioxid entweichen, das neben Alkohol beim Abbau von Zucker entsteht.
Der Gärballon soll bei konstanter Temperatur sich selbst überlassen bleiben. Ideal sind 16–18 °C. Die Gärung beginnt, sobald der Saft zu „blubbern" beginnt und Gase entweichen. Abhängig vom Zuckergehalt der Äpfel ist der Apfelwein nach zwei bis vier Wochen fertig. Jetzt muss der junge Wein mit Hilfe eines Schlauchs umgefüllt werden, was Winzer „abziehen" oder „abstechen" nennen. Das neue Gefäß stellt man unter den Gärbehälter, an dessen Boden sich die Hefe abgesetzt hat. Der Schlauch wird langsam in den Behälter geführt: Achtung – nicht mit dem Hefesatz in Berührung kommen! Dann saugt man den Schlauch am zweiten Ende an und steckt ihn in das leere Gefäß, sodass der Wein hineinfließt und der Hefesatz im Gärbehälter bleibt. Junger Wein hat 6–7 % Alkohol, das ist eine ideale Konzentration für die Essigbildung.

Apfelessig-Grundrezept

Zutaten

- 1 l selbst hergestellter Apfelwein

Zubereitung

Der Essigbildner wird zu zwei Dritteln mit dem Wein befüllt. Der Behälter wird mit einem luftdurchlässigen, engmaschigen Tuch verschlossen, damit kein Staub oder Ungeziefer eindringen kann. Den Behälter stellt man im warmen Zimmer auf, und zwar so, dass er nicht direkt der Sonne ausgesetzt wird. (Im Winter findet sich vielleicht ein Platz an der Heizung, die warmen Monate sind aber besser geeignet, weil Essigbakterien wie auch Hefepilze dann aktiver sind.) Ab und zu entfernt man den Verschluss, um zu lüften und die Sauerstoffzufuhr zu verbessern. Das Schütteln des Gefäßes oder gar ein Umrühren sind tabu. Das Risiko, dass die Bakterien nach unten sinken und buchstäblich ertrinken könnten, ist groß und würde den Prozess erheblich verzögern. Die Essigbildung ist deswegen nicht misslungen, es muss sich aber erst wieder eine Essigmutter auf der Oberfläche bilden.

Nach wenigen Tagen, manchmal auch nach Wochen, sollte sich eine sichtbare Haut aus zur Essigmutter gewachsenen Essigbakterien auf dem Wein gebildet haben. Nach zwei bis vier Wochen ist der junge Essig fertig. Je nach Behältnis lässt man ihn von unten ab, sodass die Essigmutter mit einem Essigrest im Gefäß bleibt, oder wir schöpfen sie von oben ab, um sie neu zu „füttern". Den jungen Essig lässt man noch einige Monate ruhen und reifen, bevor man ihn filtert und abfüllt.

Das Filtrieren mit einem Kaffeefilter ist möglich, aber mühsam, weil es langsam geht und der Filter schnell verstopfen kann. Einfacher und effektiver ist das Abseihen mit einem Tee- respektive Haushaltssieb.

Apropos

Sie können die Bakterien auch stimulieren, indem Sie einen Schuss guten, fertigen Apfelessig in den Apfelwein gießen oder eine Essigmutter oder Impfessig zu Hilfe nehmen (siehe Herstellung von Weinessig).

Weinessig selbst gemacht

Das Prinzip ist dasselbe wie beim Apfelessig, allerdings ist die Herstellung von Weinessig etwas heikler. Das liegt am höheren Alkoholgehalt, der eine größere Herausforderung an die Essigbakterien darstellt, an Schwefel und weiteren Fremdstoffen im Wein, die die Arbeit der Essigbakterien be - hindern und zunichte machen können. Bei „normal" geschwefeltem Wein fangen sie ihre Arbeit gar nicht erst an. Grundlage für Weinessig muss also sehr schwefelarmer Wein sein, den man möglichst direkt beim Winzer beziehen sollte, weil der Auskunft über den Schwefelgehalt geben kann. (Bioweine sind häufiger weniger geschwefelt als konventionell erzeugte Weine.) Noch besser freilich ist schwefelfreier Wein, den man selbst herstellen kann – vielleicht aus Trauben vom Rebstock im eigenen Garten?

Apropos

Bei beiden Gärungen spielen Mikroorganismen die ent scheidende Rolle. Bei der ersten Gärung, bei der unter Ausschluss von Sauerstoff Zucker in Alkohol umgewandelt wird, helfen Hefepilze. Bei der zweiten Gärung mit Sauerstoff, bei der Alkohol in Essig umgewandelt wird, helfen Bakterien.

Selbst gemachter Traubensaft

Vor dem Pressen werden die Stiele der Trauben entfernt und die Beeren gewaschen. Bei größeren Mengen lohnt sich die Anschaffung einer Obstpresse, die – je nach Ausführung – mit bis zu 20 kg Früchten auf einmal gefüllt werden kann. Die Saftausbeute beträgt bei 10 kg Trauben etwa 6–7 l. Man kann die Trauben nach altem Brauch auch einfach zerstampfen, wobei darauf zu achten ist, dass die Kerne nicht zerdrückt werden. Die dann frei werdenden Bitterstoffe könnten das Aroma des späteren Essigs beeinträchtigen. (Da wir unseren Saft nicht keltern wollen, müssen wir die Trauben nicht von der Schale trennen; Maische genügt als Basis für die alkoholische Gärung.)

Selbst gemachter Traubenwein

Zutaten

- 10 l frischer, unbehandelter Traubensaft
- 2 g Zucht- oder Backhefe

Zubereitung

Weil Trauben süßer sind als alle anderen Früchte, haben die Hefepilze mehr Arbeit bei der Umwandlung des Zuckers in Alkohol. Es empfiehlt sich darum, den Gärprozess mit ein wenig Hefe (etwa 2 g auf 10 l Maische) anzuregen und zu beschleunigen.

Der Gärbehälter wird gleich nach dem Pressen zu zwei Dritteln mit Saft oder Maische befüllt, sodass genügend Raum für die Gasentwicklung bleibt. Anschließend wird das Gefäß sofort mit dem Gäraufsatz verschlossen.

Die Gärtemperatur sollte etwa 15 °C betragen.

Bei abklingender Gärung entsteht nach ein bis zwei Wochen als Vorstufe Sturm, je nach Gegend auch Federweißer oder Neuer Wein genannt. (Diesen kann man nur in offenen Flaschen aufbewahren, da die entweichende Kohlensäure jeden Korken sofort heraustreiben würde.)

Die Gärung im Glasballon ist nach drei bis vier Wochen abgeschlossen, wenn sich keine Gase mehr bilden.

Die Hefe hat sich unten im Behälter abgesetzt, der Wein kann jetzt mit einem Schlauch abgezogen und anschließend gefiltert werden.

Solch selbst gemachte schwefelfreie Weine können aus praktisch allen Früchten hergestellt werden. So können auch Johannisbeer-, Pflaumen- oder Kirschessig selbst erzeugt werden.

Weinessig-Grundrezept 1

Zutaten

- 1 l selbst gemachte Weinmaische
- 100 ml Essigmutter

Zubereitung

Das Gefäß wird zu zwei Dritteln mit Maische befüllt, die mit der Essigmutter geimpft wird, und luftdurchlässig verschlossen. Ab und an wird gelüftet und dabei das Wachstum der Bakterienkultur kontrolliert. Rühren und Schütteln sind wie gesagt tabu!

Sobald die Gärung nach einigen Wochen abgeschlossen ist, wird der junge Essig von seiner Essigmutter getrennt und in ein größeres Gefäß umgefüllt. Nach ein paar Wochen oder Monaten (je länger er reift, desto gehaltvoller wird er) ist der Essig fertig.

Apropos

Der fertige Essig lagert zur abschließenden Reife und Klärung in einem kühlen dunklen Raum. Bevor er in Flaschen gefüllt wird, wird er durch ein sauberes Baumwoll- oder Leinentuch gefiltert. Die Flaschen werden mit Schraubverschlüssen oder mit Korken verschlossen.

Weinessig-Grundrezept 2

Zutaten

- 700 ml gekaufter, schwefelarmer Wein
- 300 ml Wasser
- 100 ml Essigmutter

Zubereitung

Wein und Wasser werden gemischt, in den Essigbildner gefüllt und die Essigmutter zugefügt.

Dann wie bei Grundrezept 1 verfahren.

Essige AROMATISIEREN

Ansatzessig ist die einfachste Methode, eigenen Essig herzustellen. Dabei wird ein fertiger Essig ohne ausgeprägten Eigengeschmack, etwa ein milder Apfel- oder Weißweinessig, mit Kräutern und anderen natürlichen Geschmacksträgern (Früchte, Zimtstangen, Nelken) aromatisiert. Farbe, Inhaltsstoffe und Geschmack der Aromageber gehen dabei fast vollständig in den Essig über, der somit eine völlig neue Identität erhält. Basis sind alle Wein- und Obstessige. Wenn sie eher neutral schmecken, werden sie mit Kräutern oder Beeren einen neuen Charakter bekommen. Wenn sie einen ausgeprägten Eigengeschmack haben, kann der raffiniert unterstrichen und verfeinert werden. So kann z. B. das Aroma von Pflaumenessig mit eingelegten Pflaumen unterstrichen werden.

Wer es ganz einfach und billig haben will, kann auch Industrieessige (Branntweinessige) verwenden, wenngleich deren Gebrauch aus Umwelt- und Produktbewusstsein kritisch zu sehen ist.

Die Entscheidung, ob Wein- oder Apfelessig als Grundlage geeignet ist, hängt von der Grundtendenz der beteiligten Aromen ab. Zu Apfelessig passen frische, fruchtige Töne von Beeren und Früchten, auch erfrischende, leichte Kräuter wie Brunnenkresse, Estragon, Pfefferminze und Zitronenmelisse harmonieren mit säuerlichem Apfelgeschmack hervorragend. Dunkle, schwere Noten hingegen wie Knoblauch und Zimt entfalten sich besser in Weinessigen.

Damit die Aromageber vollständig von Essig umgeben sind und nicht aus der Flüssigkeit herausschauen können, müssen sie unter Umständen beschwert werden, z. B. mit einem Teller. Die Ansatzessige sollen an einem lichtgeschützten Ort bei idealerweise etwa 18 °C reifen; nach zwei bis vier Wochen sind sie fertig und können mit einem einfachen Kaffeefilter gefiltert und danach abgefüllt werden.

Werden Sie kreativ!

Nach dem Motto „learning by doing“ wollen wir Sie zu weiteren Ausflügen ins Essig-Abenteuerland einladen. Die Rezeptauswahl versteht sich als Anregung für kreative Experimente. Lassen Sie Ihrer Fantasie freien Lauf und probieren Sie eigene Ideen aus! Mit der Zeit werden Sie das hinreichende Fingerspitzengefühl im Umgang mit der sensiblen Essigmutter und bei der Dosierung von Aromastoffen bekommen.

Apropos

Selbst gemachte Ansatzessige sind eine pfiffige Geschenkidee. Manche Zutaten, insbesondere Beeren und Früchte, laugen mit der Zeit aus und sehen nicht mehr appetitlich aus. Himbeeren etwa hinterlassen ihre wunderschöne Farbe im Essig, sind selbst aber hässlich ergraut. Die Ansatzessige sollen daher vor dem Abfüllen filtriert werden. Kurz vor dem Verschenken können sie noch einmal mit frischen Kräutern oder Früchten versetzt werden.

Apropos

Essig als erfrischender Durstlöscher: 1 EL Himbeeressig in ein Glas mit Eiswürfeln und Mineralwasser eingerührt ergibt ein spritziges, fruchtiges Sommergetränk!

Himbeer- oder Heidelbeeressig

Zutaten

- 100 g Himbeeren oder Blaubeeren (am besten frische)
- 1 l Weißweinessig
- Kräuter nach Belieben

Zubereitung

Tiefgekühlte Beeren antauen lassen, frische verlesen, in ein sauberes Glas oder eine Flasche füllen und mit dem Weinessig übergießen.

Wer will, kann seiner Kreation noch eine pikante Note durch Gartenkräuter geben. Bewährt haben sich Basilikum für Himbeer- und Rosmarin für Heidelbeeressig.

Die Flasche gut verschließen und auf die Fensterbank in die Sonne stellen. Die Beeren müssen drei bis vier Tage im Essig ziehen, dann hat er ihre Farbe angenommen und leuchtet intensiv rot oder violett.

Anschließend wird dieser begeisternde Beerenessig durch ein Tuch passiert und in Flaschen abgefüllt. Er sollte am besten kühl und dunkel lagern.

Orangenessig

Zutaten

- 2 unbehandelte Orangen
- 1 l Weißwein- oder Apfelessig

Zubereitung

Die unbehandelten Orangen heiß waschen und abtrocknen. Dann beide möglichst dünn (sodass keine weiße Haut an der Schale zurückbleibt) abschälen.

Die Schalen in den Essig legen, den Saft aus einer Orange auspressen und zwei Teelöffel davon hinzufügen.

Nach vier Tagen ist der köstliche Orangenessig fertig, kann gefiltert, abgefüllt und kühl gestellt werden.

Feigenessig

Zutaten

- 15–20 getrocknete Feigen
- 1 l Weißweinessig

Zubereitung

Die Feigen werden in kleine Stücke geschnitten und in den Essig gelegt.

Alles vier Wochen ziehen lassen, bis der leicht trübe Essig das süßliches Aroma der Früchte angenommen hat.

Feigenessig passt zu Gerichten mit orientalischem Charakter, mit denen auch die eingelegten Feigen bestens harmonieren.

Rosinenessig

Zutaten

- 100 g Rosinen
- 1 l Weiß- oder Rotweinessig

Zubereitung

Die Rosinen in einem Mörser etwas anquetschen oder halbieren, in ein Glasgefäß oder eine Flasche füllen und mit dem Essig übergießen.

Dieser intensiv schmeckende Essig braucht mindestens acht Wochen, bis er gefiltert und in Flaschen abgefüllt werden kann.

Sein Geschmack kann mit Zimt abgerundet werden und gibt südländischen Gerichten eine wunderbar fruchtige Note.

Apropos

Rosinenessig kann Verstopfung lösen sowie die Reinigung von Nieren, Harnwegen und Blase unterstützen.

Aromaessig mit Fruchtsirup

Zutaten

- 1 TL Fruchtsirup (geeignet sind Konzentrate aus allen Beeren, aus Quitte und Zitrusfrüchten)
- 100 ml Obstessig

Zubereitung

Sirup und Essig werden vermischt, und fertig ist der kleine Gaumenkitzler.

Wer auf die Schnelle einen einfachen Salat oder ein langweiliges Gericht durch einen besonderen Essig aufpeppen möchte, kann sich mit Aromaessigen behelfen. Sie eignen sich besonders für Experimente in kleinen Mengen, sodass das gewünschte Essigaroma schnell und individuell auf ein Gericht abgestimmt werden kann.

Zimtessig

Zutaten

- 6 Zimtstangen
- 1 l Weißwein- oder Apfelessig

Zubereitung

Die Zimtstangen in ein geeignetes Gefäß geben und mit Essig bedecken. Frühestens nach drei Wochen ist dieser eigenwillige Ansatzessig fertig.

Ist Apfelessig die Grundlage, kann das Apfelaroma mit ein paar Apfelscheiben unterstützt werden.

Apropos

Besonders gut zu exotischen Gerichten schmeckt auch folgende Kombination: 2 Stangen Zimt, 1 Birne, 2 Stück Sternanis und 3 Pimentkörner werden mit Rotweinessig angesetzt. Nach zwei Wochen kann der Essig gefiltert und abgefüllt werden.

Rosen-, Lavendel- und Veilchenessig

Zutaten

- 20 g unbehandelte Rosen-, Lavendel- oder Veilchenblüten
- 1 l Weißwein- oder Apfelessig

Zubereitung

Jede der Blumen hat einen ausgeprägten Charakterduft, dem ein eigenes Essigsolo gebührt. Wer mag, kann die Blüten aber auch untereinander oder mit Kräutern (etwa Minze- und Melissearten) kombinieren und sich an der Kreation seines eigenen Parfümessigs versuchen.

In ungefähr zwei Wochen haben die Blüten Farbe, Duft und Geschmack an den Essig abgegeben. Danach sind sie selbst ausgelaugt und werden abgesiebt.

Apropos

Veilchenessig passt, wie Rosen- und Lavendelessig, hervorragend zu bunten Blattsalaten oder Blütensalaten. Er sollte jedoch schnell verbraucht werden, da die Intensität des Aromas relativ rasch abnimmt.

Blütenessig mit Honig

Zutaten

- 10 g Gänseblümchenblüten
- 10 g Holunderblüten
- 10 Löwenzahnblüten
- 5 g Veilchenblüten
- 70 g Honig
- 1 l Weinessig

Zubereitung

Dass die Blüten nur an solchen Stellen gesammelt werden, wo keine Verkehrsabgase oder sonstige Verunreinigungen zu befürchten sind, versteht sich von selbst.

Die Blüten werden gesäubert, zerkleinert und zusammen mit dem Honig und dem Essig etwa vier Wochen lang angesetzt. Danach werden sie herausgesiebt.

Estragonessig

Zutaten

- Eine Handvoll Estragon (Blätter, zarte Stängel)
- 0,5 l Apfelessig

Apropos

Wenn Sie für die Rezepte Ihren selbst gemachten Apfelessig oder rein biologisch gewonnenen Essig verwenden, kann sich unter Umständen in der Flasche erneut eine Essigmutter bilden. Das beeinträchtigt aber weder Geschmack noch Verwendbarkeit.

Zubereitung

Der Klassiker unter den selbst gemachten Essigen funktioniert ganz einfach: Das Kraut wird gesäubert und wenn nötig zerkleinert. In ein Gefäß mit dem Essig füllen und gut verschließen.

Nach acht Wochen kann abgeseiht und der Estragonessig in gut gesäuberte Flaschen abgefüllt werden.

Melisse-Basilikum-Essig

Zutaten

- 30 g Zitronenmelisse
- 40 g Basilikum
- 1 l Apfelessig
- 2 kleine Äpfel

Zubereitung

Die Kräuter werden gewaschen und zerkleinert.

Anschließend werden sie in einem geeigneten Gefäß vier bis sechs Wochen im Apfelessig angesetzt. Dann wird filtriert und abgefüllt.

Kurz vor dem Verschenken oder dem eigenen Verbrauch werden frische Kräuter und klein geschnittene Apfelstückchen in die Flaschen gegeben.

Apropos

Verwenden Sie möglichst immer frische Kräuter. Sollten sich die Kräuter beim Einfüllen in die Glasflasche als widerspenstig erweisen: einfach mit einem Kochlöffel nachhelfen!

Gartenkräuteressig

Zutaten

- 10 g Schnittlauch
- 10 g Petersilie
- 10 g Majoran
- 10 g Pimpinelle
- 10 g Thymian
- 5 g Liebstöckel
- 1 l Apfelessig

Zubereitung

Die Kräuter werden gewaschen, alles Unschöne entfernt, grob zerkleinert und mit dem Apfelessig durch einen Trichter in eine Flasche gefüllt.

Die Kräuter sollen drei bis vier Wochen im Essig ziehen. Dann kann er durch ein Sieb in eine schöne Flasche gefüllt werden.

Das Rezept ist beliebig abwandelbar. Achten Sie jedoch auf geschmackliche Harmonie. Kräuter mit ausgeprägtem Eigengeschmack wie Waldmeister, Bärlauch oder Dill entfalten sich am besten solistisch.

Besonders hübsch sieht es aus, wenn nach dem Abfüllen des Essigs ein Zweig Thymian oder ein anderes angesetztes Kraut als Zierde hinzugefügt wird.

Paprikaessig

Zutaten

- 100 g rote, scharfe Paprikaschoten
- 1 l Apfelessig

Zubereitung

Die Schoten putzen, klein schneiden und mit dem Essig ein bis zwei Wochen ziehen lassen.

Je länger die Stücke im Essig schwimmen, desto schärfer wird er.

Anschließend durch ein Sieb passieren.

Knoblauchessig

Zutaten

- Maximal 10 Knoblauchzehen
- 1 l Weinessig

Zubereitung

Vor dem Ansetzen werden die Zehen geschält und zerdrückt. Dann werden sie (eventuell mithilfe eines Trichters) in eine Flasche gefüllt und mit dem Essig aufgefüllt.

Die Ansatzzeit richtet sich nach der gewünschten Intensität des Geschmacks, die regelmäßig kontrolliert werden sollte. Der Knoblauch wird im Essig zwar zwangsläufig dominant sein, soll dessen Eigengeschmack aber auch nicht völlig unterdrücken. Bei der Dosierung des Knoblauchs ist darum Vorsicht angebracht.

Den Essig durch ein Sieb abseihen und in eine heiß ausgespülte Flasche abfüllen.

Kühl und dunkel lagern.

Lorbeer-Pfeffer-Essig

Zutaten

- 1 Lorbeerzweig
- 2 EL Pfefferkörner
- 1 l Weinessig

Zubereitung

Füllen Sie den Lorbeerzweig und die Pfefferkörner mit dem Essig in eine Flasche.

Nach etwa drei- bis vierwöchigem Ansatz wird der Lorbeerzweig aus dem pikanten Essig herausgenommen, die Pfefferkörner dürfen in der Flasche bleiben.

Dieser aromatisierte Speiseessig eignet sich besonders zum Würzen von Wild und Rindfleisch, für dunkle Soßen und deftige Eintöpfe mit Bohnen und Linsen.

Die Welt
der Öle

Pflanzliches Öl wird durch Pressen von Samen, Kernen und Nüssen gewonnen – rund 40 Ölpflanzen bieten sich dazu an. Pflanzenöle enthalten einfach ungesättigte und mehrfach ungesättigte (essenzielle Fettsäuren) und viele wertvolle Vitamine. Besonders wertvoll für den menschlichen Organismus sind die essenziellen (lebensnotwendigen) Fettsäuren, die er nicht selbst produzieren kann, sondern über die Nahrung aufnehmen muss. Pflanzenöle helfen unserem Körper zudem, Vitamine aus der Nahrung zu verwerten, und sind ein hervorragender Geschmacksträger.

Auf den Spuren der Geschichte

Ebenso wie Essig gehört Pflanzenöl zu den ältesten Lebensmitteln unserer Vorfahren. Schon vor Jahrtausenden erkannten die Menschen, wie energie- und nährstoffreich flüssige Pflanzenfette sind, und wussten um ihren Wert in Ernährung und Heilkunde. In Asien wurde Öl bereits vor 8000 Jahren aus Pflanzen erzeugt, und zwar aus Sesamsamen; vor 6000 Jahren tauchte Olivenöl in der Küche der Kreter auf. Phönizische Händler verbreiteten

Ölbaum und Olivenöl dann im gesamten Mittelmeerraum. Schon Homer rühmt das „flüssige Gold" als wertvolles Nahrungs-, Heil- und Zaubermittel; Olivenöl wurde zudem als Kosmetikum und Brennstoff für Lampen benutzt. Der Olivenbaum oder Ölbaum ist bis heute ein Symbol für Frieden, Gesundheit und Reichtum.

Auf der anderen Halbkugel unseres Planeten machte hingegen die Sonnenblume Karriere als Ölpflanze. Seit 4000 Jahren wird in Nordamerika aus ihren Kernen Öl gepresst. Hierzulande standen Pflanzenöle spät auf dem Ernährungsplan, die wichtigste Quelle für Nahrungsfette waren tierische Fette, also Schmalz und Butter, die im römischen Kulturkreis nur für Salben, nicht aber in der Küche gebraucht wurden. Durch die Römer lernten die Germanen zwar Pflanzenfette kennen, konnten in ihren rauen Gefilden aber natürlich keine Ölbäume ansiedeln.

Öl in den Samen heimischer Pflanzen wurde erst spät entdeckt. Im 12. Jahrhundert wurde aus Lein, Mohn und Nüssen Öl gepresst. Raps taucht in unseren Breiten erst im 14. Jahrhundert auf; aus dieser Zeit stammen Mühlsteine und Körner, die in germanischen Siedlungen gefunden wurden. Systematisch wurde Raps erst im 17. Jahrhundert kultiviert, Ende des 19. Jahrhunderts betrug seine Anbaufläche rund 190 000 Hektar in Europa. Allmählich wurde das Sortiment der Ölpflanzen in Mittel- und Nordeuropa um Sonnenblumen ergänzt.

Lange Zeit wurde heimisches Pflanzenöl vorwiegend für Beleuchtungs- und Schmierzwecke verwendet, nur in wenigen Regionen standen Öle auch auf dem Speiseplan, etwa Leinöl in der Lausitz, Kürbiskernöl im steirischen Raum und Mohnöl in Mitteldeutschland.

Als Rapsöl mit Petroleum, Gas, Elektrizität und mineralischen Schmierölen Konkurrenz bekam, ging auch der Anbau zurück. Leinöl blieb wirtschaftlich mäßig attraktiv, vor allem für die Herstellung von Farben und Linoleum. Durch den Wegfall der Zollschranken vor dem Ersten Weltkrieg überschwemmten riesige Mengen tropischer und subtropischer Pflanzen den heimischen Markt. Der Anbau ging drastisch zurück und stieg erst nach Kriegsende wieder an, weil der Import tropischer Ölfrüchte unterbrochen war.

Ölgewinnung damals

In der Antike wurden die Oliven nicht gepresst, sondern in einen Korb gegeben und das daraus tropfende Wasser-Öl-Gemisch in einem darunterstehenden Behälter aufgefangen. Als Variante nach ähnlichem Prinzip wurden Oliven in einen Felsgesteinsraum gefüllt, der am unteren Ende ein Loch hatte. Bei beiden Methoden wurde das Öl mithilfe des Eigengewichts der Früchte gewonnen. Als Alternative wurden die Früchte mit heißem Wasser übergossen und das an der Oberfläche schwimmende Öl abgeschöpft. Im Laufe der Zeit wurde die Technik verbessert. Die findigen Römer konstruierten die erste Ölpresse, die „mola oleara“. Sie bestand aus zwei zylinderförmigen Steinen, die an einer Achse befestigt waren. Durch Drehung an dieser Achse wurden die Oliven zerquetscht. Nach dieser ersten Kaltpressung wurde heißes Wasser hinzugefügt und ein zweites und drittes Mal gepresst.

Ölgewinnung heute

Es gibt drei Hauptverfahren zur Ölgewinnung: die Kaltpressung, die Warmpressung und die Extraktion. Allerdings kann man wegen des großen Aufwands nicht ernsthaft dazu raten, Öl für den Hausgebrauch selbst zu pressen. Die Öle, die Sie also auf den folgenden Seiten näher kennen lernen und die als Basis für individuelle Ölmischungen dienen, müssen Sie kaufen.

Kaltpressung

Der Begriff „kalt gepresst“ ist irreführend, weil auch dabei durch den enormen Druck hohe Temperaturen (bis zu 100 °C) entstehen können. Zudem werden die Saaten vor der Pressung oft geröstet, weil sich dann Umweltgifte und Spritzmittelrückstände verflüchtigen. Das Etikett „kalt gepresst“ sagt lediglich aus, dass das Öl mechanisch gepresst und nicht raffiniert (gereinigt) wurde. Je niedriger die Temperaturen bei einer kalten Pressung sind, desto geringer ist die Ölausbeute – und desto teurer sind die Öle. Der Zusatz „nativ gepresst“ ist eine Qualitätsbezeichnung, die allerdings gesetzlich nicht abgesichert ist, und beschreibt Öle aus hochwertigen Rohstoffen, die ohne Erwärmung mechanisch gepresst und bis auf die Filtration nicht nachbehandelt wurden.

Die einzige EU-Richtlinie zur Qualität gibt es für Olivenöl:

- **Natives Olivenöl extra** ist Öl von höchster Qualität, das höchstens 1 g freie Fettsäure pro 100 g enthalten darf.
- **Natives Olivenöl** darf höchstens 2 g freie Fettsäure pro 100 g enthalten.
- **Gewöhnlich natives Olivenöl** darf maximal 3,3 g freie Fettsäure pro 100 g enthalten.
- **Olivenöl** bezeichnet eine Mischung aus raffiniertem und nativem Olivenöl mit maximal 1,5 g freier Fettsäure pro 100 g.

Warmpressung mit Extraktion

So wird der größte Teil der im Handel erhältlichen Pflanzenöle erzeugt. Dabei wird die Saat angequetscht, kurzzeitig auf fast 100 °C erwärmt und gepresst. Dann wird das restliche Öl aus dem Pressrückstand mit einem chemischen Lösungsmittel (meist Hexan) extrahiert. Um die Lösungsmittelrückstände wieder vom Öl zu trennen, wird das Gemisch erneut hoch erhitzt. Anschließend wird das Öl in der Raffinationsanlage gereinigt, entschleimt, entsäuert, entfärbt und gedämpft (desodoriert). Bei diesem Verfahren wird das letzte Tröpfchen Öl aus der Saat gepresst; die Ölausbeute beträgt annähernd 100 %.

Warmpressung ohne Extraktion

Die Saat wird nach der Erwärmung gepresst und anschließend ohne Einsatz von Chemie raffiniert.

Apropos

Während Ölsaaten längere Zeit gelagert und zur Verarbeitung auch transportiert werden können, verderben Ölfrüchte (z. B. Oliven), die Fruchtfleischfette enthalten, schnell. Sie werden in der Regel nach der Ernte an Ort und Stelle gepresst.

Pflanzenöle UND GESUNDHEIT

Pflanzliche Fette und Öle sind nicht nur eine energiereiche Nahrungsquelle, sondern werden seit Menschengedenken auch als Heilmittel, zur Körperpflege und im technischen Bereich genutzt. Pflanzenöle variieren stark in Farbe und Geschmack, in ernährungsphysiologischer Hinsicht macht die Zusammensetzung der Fettsäuren den entscheidenden Unterschied aus. Wünschenswert ist ein hoher Anteil an ungesättigten Fettsäuren, sie sind sehr wertvoll für unseren Organismus, während bei gesättigten Fettsäuren (aus denen vor allem tierische Fette bestehen) Vorsicht geboten ist. Sie heben den Cholesterinspiegel an und sind die Gegenspieler von ungesättigten Fettsäuren, die ihn senken.

Weder Menschen, Pflanzen noch Tiere können ohne Fette leben. Sie enthalten doppelt so viel Energie wie Eiweiße und Kohlenhydrate, helfen dem Körper bei der ständigen Erneuerung verbrauchter Zellen sowie bei der Muskeltätigkeit und sind am Transport fettlöslicher Vitamine beteiligt. Da Fette nicht wasserlöslich sind, müssen sie in wasserlösliche Form verwandelt werden, wofür die Gallensäure zuständig ist. Weil dem Körper nicht ständig Energie zugeführt werden kann, richtet er sich Reservedepots ein, um sich bei Bedarf bedienen zu können. Hauptspeicher ist die Leber, außerdem Muskeln und Haut.

Außer Fettsäuren enthalten Pflanzenöle viele lebenswichtige Vitamine, Mineralstoffe und Spurenelemente. Besonders wertvoll ist etwa das Vitamin E, das als Radikalfänger gilt und die empfindlichen, mehrfach ungesättigten Fettsäuren im Öl vor Reaktionen mit Sauerstoff schützt. Ähnlich wirkt Vitamin E im menschlichen Organismus, wo es die Oxidation der Zellmembran verhindert und so die Alterung der Zelle verzögert.

Rätselhafte Fettsäuren

Die Begriffsvielfalt ist verwirrend: Es gibt gesättigte und ungesättigte Fettsäuren, die einfach oder mehrfach ungesättigt sind, manche sind gut für unseren Organismus, andere weniger oder gar schädlich. Fettsäuren werden nach der Länge ihres Kohlenstoffgerüsts, nach Anzahl und Konfiguration der Doppelbindungen unterschieden. Es gibt kurz-, mittel- und langkettige Fettsäuren.

Gesättigte Fettsäuren

Sind bei einer Fettsäure alle Kohlenstoffatome mit Wasserstoffatomen abgesättigt, spricht man von gesättigten Fettsäuren. Sie liefern viel Energie, werden aber nicht als Fett im Körper abgelagert und sind nicht lebensnotwendig. Langkettige gesättigte Fettsäuren werden dazu benutzt, die Zellmembran zu stabilisieren. Sie tendieren dazu, Kristalle zu bilden, Blutplättchen zu verkleben und die Arterien zu verstopfen. Gesättigte Fettsäuren wirken ungünstig auf den Cholesterinspiegel und können das Herzinfarktrisiko erhöhen. Zu den gesättigten Fettsäuren zählen Palmitinsäure und Stearinsäure.

Einfach ungesättigte Fettsäuren

Wenn zwei benachbarte C-Atome eine Doppelbindung eingehen, heißen sie einfach ungesättigte Fettsäuren. Der Körper kann sie bei Bedarf selbst aus gesättigten Fettsäuren herstellen. Auch sie werden hauptsächlich zur Energiegewinnung gebraucht und sind im Vergleich zu mehrfach ungesättigten Fettsäuren viel stabiler gegenüber Licht, Wärme und Sauerstoff. Deshalb sind Öle, die einen hohen Anteil an ungesättigten Fettsäuren haben, länger haltbar und zum Kochen und Braten besser geeignet.

Einfach ungesättigte Fettsäuren sind zum Beispiel Ölsäure und Erucasäure. Ölsäure wirkt sich positiv auf Herz und Kreislauf aus, ebenso auf Verdauung und Gallenfluss. Olivenöl besteht zu mehr als 70 % aus einfach ungesättigten Fettsäuren, die ebenso wie mehrfach ungesättigte Fettsäuren auch die Regelung des Cholesterinspiegels unterstützen und daher sehr gesund sind.

Ein Sonderfall ist die Erucasäure. Ihr Verzehr gilt als bedenklich, da in Tierversuchen Wachstumsstörungen nachgewiesen wurden. Speiseöle und -fette dürfen nicht mehr als 5 % Erucasäure enthalten. Rapsöl enthielt früher fast 50 % Erucasäure und wurde darum nicht als Speise-, sondern vornehmlich als Hydrauliköl verwendet. Seit der Züchtung von erucasäurefreien Rapssorten gilt Rapsöl als hervorragendes Speiseöl mit ähnlichen Eigenschaften

wie Olivenöl. Es kann also auch kalt gepresst in der warmen Küche verwendet werden.

Mehrfach ungesättigte Fettsäuren

Sind die C-Atome durch mehrere Doppelbindungen verknüpft, spricht man von mehrfach ungesättigten Fettsäuren. Sie sind im Unterschied zu gesättigten Fettsäuren sehr reaktionsfreudig und Bausteine für viele Zellen unseres Körpers. Diese Fettsäuren kann unser Körper nicht selbst herstellen, sie müssen von außen, also mit der Nahrung, zugeführt werden. Weil sie lebensnotwendig sind, werden sie auch essenzielle Fettsäuren genannt. Die bekanntesten sind die doppelt ungesättigte Linolsäure (auch Omega-6-Fettsäure genannt), die dreifach ungesättigte α-Linolensäure (Omega-3-Fettsäure) und die γ-Linolensäure. Sie sind die Ausgangssubstanzen, aus denen der Körper weitere wichtige ungesättigte Fettsäuren bildet.

Speiseöle in der Küche

Pflanzenöle sind nicht nur wegen ihrer eigenen Inhaltsstoffe so wertvoll, sondern sie helfen unserem Körper auch bei der Verstoffwechslung mancher Vitamine. Vitamin A zum Beispiel kann nur mithilfe von Fett verwertet werden. Pflanzenöle sind zudem ein hervorragender Geschmacksträger, denn sie betonen das Eigenaroma von Speisen.

In der Regel sollten wir in unseren Küchen kalt gepresste, also „natürlich“ hergestellte Öle verwenden. Wer zu raffiniertem Öl greift, verzichtet auf viel Inhalt und auf Geschmack. Ausnahme ist die Friteuse, für die hochwertige Speiseöle zu schade und zu teuer sind. Außerdem vertragen sie keine hohe Hitze; ein Sonderfall ist robustes Olivenöl, das noch 150 °C willig hinnimmt, die Strapaze von 170 °C Dauerhitze allerdings nicht verträgt.

Apropos

Öle werden ranzig und damit ungenießbar, wenn ungesättigte und freie Fettsäuren mit Luftsauerstoff reagieren. Besonders schnell passiert das bei Lein- und Walnussöl. Schutz bietet die kühle und luftdichte Lagerung des Öls. Bei raffiniertem Öl werden die freien Fettsäuren entfernt, es ist darum länger haltbar.

Apropos

Wenn ein Öl zu qualmen beginnt, ist es zu stark erhitzt worden. Es kommt zu unkontrollierten Oxidierungen, durch die schädliche Stoffe entstehen, die Arterienverkalkung und Krebs verursachen können.

Kalt gepresste Öle eignen sich in der Regel nur für die kalte Küche, da sie einen niedrigen Rauchpunkt haben. Olivenöl ist wegen seiner vielen einfach ungesättigten Fettsäuren eine Ausnahme. Es hat einen relativ hohen Rauchpunkt und eignet sich auch zum Dünsten und Schmoren. Milde Hitze vertragen auch kalt gepresstes Sonnenblumen- und Rapsöl. Raffinierte Öle sind erheblich hitzestabiler und sollten deshalb zum Braten, Backen und Frittieren verwendet werden.

Kalt gepresste Öle sind neun bis zwölf Monate lang haltbar, raffinierte Öle ein bis zwei Jahre. Speiseöle sollten in dunkle Flaschen abgefüllt sein und in kühlen dunklen Räumen gelagert werden.

Kleines Abc DER PFLANZENÖLE

Arganöl
Das neuerdings auch bei uns sehr aktuelle Öl wird aus den Samen des in Marokko heimischen Arganbaums gewonnen und hat einen delikaten Nussgeschmack. Es ist reich an ungesättigten Fettsäuren und hat einen hohen Gehalt an Vitamin E.

Avocadoöl
Das grüne Öl ist dickflüssig, fast salbenartig und wegen seines Reichtums an Vitaminen (A, B, D, E) sehr wertvoll. Bemerkenswert ist sein hoher Anteil an Biotin, es ist ein effektives Trägeröl, was es auch als Kosmetikum sehr attraktiv macht.

Borretschöl
Auch dieses Öl ist hervorragend zur Hautpflege geeignet, ebenso zur inneren Anwendung. Borretschöl enthält bis zu 24 % Linolensäure, was es für Frauen mit einem unausgeglichenen Hormonhaushalt attraktiv macht.

Distelöl
Distelsamen haben von allen Ölfrüchten den höchsten Gehalt an mehrfach ungesättigten Fettsäuren (rund 75 %), was das Öl besonders wertvoll für eine diätische Ernährung macht. Das dünnflüssige, nussig riechende und neutral schmeckende Öl wird auch gern zur Massage verwendet und hilft gegen

Verstauchungen, Quetschungen, entzündete Gelenke und rheumatische Beschwerden.

Erdnussöl

Wegen seines hohen Anteils an einfach ungesättigten Fettsäuren ist Erdnussöl hoch erhitzbar und darum zum Braten und Frittieren geeignet. Es wird gern in der asiatischen Küche – etwa zum Anbraten im Wok – verwendet, weil sein nussiger Geschmack gut mit exotischen Gerichten harmoniert. In der Kosmetik wird es nur selten verarbeitet, weil es nur langsam in die Haut einzieht und intensiv riecht. Bewährt hat sich Erdnussöl bei Arthritis und Sonnenbrand.

Hanföl

Mit mehr als 80 % hat Hanföl den höchsten Gehalt an essenziellen Fettsäuren und ist ein wertvolles Speisöl. Früher war Hanf eine wichtige Nutzpflanze, das Öl aus den Samen ein weitverbreitetes und vergleichsweise billiges Nebenprodukt. Heute ist kalt gepresstes Hanföl fast zur Kostbarkeit geworden. Es eignet sich hervorragend zur Hautpflege, wirkt krampflösend bei epileptischen Anfällen und chronischen Schmerzen und hat sich auch bei entzündlicher Haut sowie bei der Behandlung von Neurodermitis bewährt.

Haselnussöl

Dieses hellgelbe, klare, intensiv nach Nuss schmeckende Öl ist selten, teuer und findet vorwiegend in der Feinschmeckerküche Verwendung. Wegen seiner straffenden, adstringierenden Wirkung ist es in der Kosmetik insbesondere für fette Haut und bei Akne geeignet. Es regt die Haut zur Zellneubildung an und fördert die Durchblutung.

Kürbiskernöl

Das dunkelgrüne bis braune Öl ist dickflüssig und hat einen intensiven Eigengeschmack. Es verleiht allen Salaten, Rohkost und als Verfeinerung auch Suppen eine außergewöhnliche Note. Das Öl wie auch die Kerne haben sich bei Prostataleiden bewährt, außerdem bei Harnwegsproblemen, Arteriosklerose, Blasenschwäche und -entzündung, bei zu hohem Blutdruck, Nierenerkrankungen und Muskelkrämpfen. In der Hautpflege ist Kürbiskernöl ein gutes Basisöl, vor allem bei trockener, rissiger Haut.

Leinöl

Leinöl ist das einzige Öl, das auch noch in ranzigem Zustand einen guten Zweck erfüllt, und zwar in der Pflege von Holz und Leder; außerdem ist Leinöl eines der besten Bindemittel für Ölfarben. Das gelbliche Öl ist sehr luftempfindlich und schmeckt schnell bitter; im Kühlschrank kann die Haltbarkeit etwas verlängert werden. Leinöl hat einen intensiven Geschmack und ist wegen seines hohen Gehalts an ungesättigten Fettsäuren eines der wertvollsten Speiseöle. In der Lausitz und in Schlesien wird es gern Quark beigemischt und zu Kartoffeln oder als Brotaufstrich gegessen.

Mohnöl
Das feine, elegante Öl wird aus Samen verschiedener Mohnsorten hergestellt. Seine Produktion hat eine lange Tradition, die bis ins Mittelalter reicht – vor allem im österreichischen Waldviertel. Es passt hervorragend zu Salaten und Nachspeisen und kann auch gut zum Backen verwendet werden. Weiters ist Mohnöl bestens zur Pflege der Haut geeignet, es zieht schnell ein.

Nachtkerzenöl
Dieses Öl wurde wegen seiner heilenden Eigenschaften schon von den Ureinwohnern Amerikas geschätzt und bei verschiedensten Leiden eingesetzt – von weiblicher Unfruchtbarkeit bis zu Rückenschmerzen. In der kalten Küche ist Nachtkerzenöl ein gesundes Spezialöl, das wegen seiner Wärmeempfindlichkeit im Kühlschrank aufbewahrt werden sollte.

Maiskeimöl
Das Öl wird aus den fetthaltigen Keimen von Maiskörnern gewonnen (für 1 l Öl werden 200 kg Mais benötigt). Es ist reich an einfach und mehrfach ungesättigten Fettsäuren, gleichwohl recht lange haltbar, was an seinem hohen Gehalt an Vitamin E liegt, das eine Reaktion mit Sauerstoff und damit das Ranzigwerden verzögert. Maiskeimöl ist bestens für die kalte Küche geeignet, ebenso zum Backen.

Olivenöl
Olivenöl ist der klassische Allrounder unter den Pflanzenölen, der seit Jahrhunderten sozusagen „für alles" verwendet wird. Es ist aus der warmen und kalten Küche des Mittelmeerraumes nicht wegzudenken und wird zudem wegen seiner entzündungshemmenden Eigenschaften in der Heilkunde geschätzt. Einreibungen mit Olivenöl helfen bei rheumatischen Leiden und bei Knochenerkrankungen. Olivenöl ist auch gut für Kräuterauszüge geeignet und zur Herstellung feiner, milder Seifen.

Rapsöl
Das deutsche Pendant zum mediterranen Olivenöl ist ähnlich vielseitig, es eignet sich für jeglichen Zweck in der Küche und wird wegen seines neutralen Geschmacks gern dann verwendet, wenn das Eigenaroma der anderen Zutaten betont werden soll. Wie Olivenöl kann auch kalt gepresstes Rapsöl recht hoch erhitzt werden. Auch in der Haut- und Körperpflege ist Rapsöl ein bewährtes Basisöl.

Sonnenblumenöl
Sonnenblumenöl ist wie Oliven- und Rapsöl ein gesundes Universalöl und eines der am meisten verwendeten Pflanzenöle in Europa. Es enthält viele ungesättigte Fettsäuren, Lezithine und Vitamine. Es regt die Durchblutung an, wirkt leicht desinfizierend und hat Lichtschutzfaktor 2. Wegen seiner schleimlösenden Wirkung hat sich Sonnenblumenöl etwa in Brustwickeln als sanftes Heilmittel bei Erkältungskrankheiten und Halsentzündungen bewährt.

Sojaöl
Dieses Öl ist ein Nebenprodukt aus dem Anbau von Sojabohne in Mittel- und Nordamerika sowie in Ostasien. Wegen des zu geringen Fettgehalts der Bohne wird Sojaöl nicht durch Kaltpressung, sondern durch Extraktion und Raffinieren gewonnen. Es ist wegen des rund 60%igen Gehalts an ungesättigten Fettsäuren gleichwohl gesund und eignet sich wegen seines milden Geschmacks gut als Basisöl für Würzmischungen.

Traubenkernöl
Das grüngoldene Öl hat einen herzhaften, nussig-traubigen Duft und enthält wertvolle Fettsäuren wie Linol-, Öl-, Palmitin- und Stearinsäure. Außerdem ist es wegen seines hohen Gehalts an Vitaminen (vor allem Vitamin E), Mineralien, Lezithin und Procyanidin gesundheitlich äußerst wertvoll.

Walnussöl
Wegen seines feinen Nussaromas ist das goldgelbe Öl insbesondere in der kalten Feinschmeckerküche sehr beliebt; für die warme Küche ist es ungeeignet, denn es lässt sich nicht hoch erhitzen und ist auch gekühlt nur begrenzt haltbar. Außer zu kräftigen Salaten passt es als Würzmittel zu Hülsenfrüchten und Roter Bete.

Öle AROMATISIEREN

Öl, Kräuter, Gewürze, Flaschen zum Ansetzen und Flaschen zum Abfüllen – das ist alles, was man für selbst aromatisiertes Öl benötigt. Als Ansatzflaschen sind Milch- oder Saftflaschen mit größeren Öffnungen geeignet, beim Abfüllen kommen alle Flaschen infrage, die man mit einem Korken oder Drehverschluss verschließen kann.

Ein **Kaltauszug** entsteht, indem man auf 1 l gutes Speiseöl (bevorzugt Oliven-, Sonnenblumen-, Raps- und Mandelöl) eine Handvoll Kräuter und Gewürze gibt, die Flasche zwei bis drei Wochen vorzugsweise in der Sonne (etwa auf dem Fensterbrett) durchziehen lässt und ab und zu kräftig durchschüttelt: Die Wirkstoffe der Aromageber gehen in das Öl über. Dann seiht man ab, presst die Kräuter aus und füllt das neue Öl in hübsche Flaschen.

Manche Gewürze trennen sich erst von ihrem Aroma, wenn sie etwas erwärmt werden. Für einen **Warmauszug** werden die Gewürze in den Ölen sanft erwärmt, bevor man die Mischung ziehen lässt.

Kalt gepresste Pflanzenöle können auch mit ätherischen Ölen veredelt werden. Das sind hocharomatische Pflanzenauszüge, die meist durch Wasserdampfdestillation gewonnen werden. Diese sehr intensiven Extrakte werden tropfenweise dosiert und sind in Apotheken, Reformhäusern und Naturkostläden erhältlich.

Kalt gepresste Öle bieten zwar eine breite Geschmackspalette, bis auf Nuss-, Olivenöl und Spezialöle wie Kürbiskern- und Traubenkernöl entwickeln die meisten Pflanzenöle ihr Eigenaroma allerdings recht zurückhaltend. Durch die Aromatisierung mit Kräutern können unaufdringliche Öle wie Sonnenblumen- und Rapsöl geschmacklich erweitert und fantasievoll verändert werden. Es kann auch spannend sein, das Aroma geschmacklich dominanter Öle zu unterstreichen oder ihm eine neue Note zu verleihen.

Würzöle sind eine pfiffige Möglichkeit, den Überschuss an Kräutern, wie er sich immer wieder im Garten ergibt, fantasievoll zu verwerten. Anders als Essig sind Öle nur begrenzt haltbar. Insbesondere leicht verderbliche Öle sollten nur in kleineren Mengen aromatisiert werden.

Die folgenden Rezepte sollen als Anregung verstanden werden und Ihre Fantasie beflügeln. Darüber hinaus gibt es unendlich viele weitere Kombinationen von Kräutern und Gewürzen, die sich in Öl ansetzen lassen. Alle sind es wert, ausprobiert zu werden.

Apropos

Nach dem Öffnen stellt man das Öl kühl und verbraucht es zügig. Im Kühlschrank flockt kalt gepresstes Öl gern aus und wird fest. Bei Zimmertemperatur wird es schnell wieder flüssig. Kalt gepresstes Öl kann in der verschlossenen Flasche maximal ein Jahr aufbewahrt werden, raffiniertes Öl maximal zwei Jahre.

Mediterranes Kräuteröl

Zutaten

- 1 kleiner Lorbeerzweig
- Je 1 Zweig Thymian, Rosmarin und Majoran
- 1 TL Koriander
- 1 EL Pfefferkörner
- 1 EL Wacholderbeeren
- 1 l Sonnenblumenöl

Zubereitung

Die Kräuter gründlich waschen und trocknen lassen. Sie müssen trocken sein, um die Gefahr von Schimmel zu vermeiden. Mit den Gewürzen in eine Flasche geben und mit Sonnenblumenöl auffüllen.

Nach etwa 30 Tagen abseihen, Kräuter auspressen und das Öl in eine dunkle Flasche abfüllen.

Zu Dekorationszwecken können frische Zweige von Thymian, Rosmarin oder Majoran zugefügt werden.

Wildkräuteröl

Zutaten

- 1 Handvoll Brennnesseln
- 1 Handvoll Löwenzahnblätter
- 1 Handvoll Giersch
- 1 Handvoll Spitzwegerich
- 1 Handvoll Sauerampfer
- 1 Handvoll Salbei
- 2 l Rapsöl

Zubereitung

Die Kräuter von den Stielen befreien, säubern und antrocknen lassen.

Auf zwei Flaschen verteilen und mit Rapsöl auffüllen.

Nach zwei bis drei Wochen ist das herzhafte Wildkräuteröl fertig und wird vor dem Abfüllen durchgesiebt.

Apropos

Natürlich sind viele weitere Kombina tionen möglich, die auch „Unkräutern“ aus dem Garten zu neuer Sinngebung verhelfen und uns unvergleichlich köstliche Geschmackserlebnisse bescheren.

Basilikumöl

Zutaten

- 2 große Handvoll frisches Basilikum
- 10 g frische Thymianblättchen
- 10 g frische Majoranblättchen
- 2 Knoblauchzehen
- 1 l Olivenöl

Zubereitung

Die Basilikumblätter waschen, trocknen lassen und klein schneiden. Mit den Kräutern und den Knoblauchzehen in eine Flasche geben.

Mit Olivenöl aufgießen und drei bis vier Wochen ziehen lassen.

Abseihen und in dunklen Flaschen aufbewahren.

Rosmarin-Limetten-Öl

Zutaten

- 1 Zweig Rosmarin
- 1 unbehandelte Limette
- 250 ml Olivenöl

Zubereitung

Die Limette waschen und in einem Stück dünn schälen.

Limettenschale zusammen mit dem Rosmarinzweig in eine Flasche geben und mit dem Olivenöl aufgießen.

Nach etwa drei Wochen abseihen und in eine dunkle Flasche abfüllen.

Bei Bedarf mit frischem Rosmarinzweig dekorieren.

Apropos

Dieses Öl eignet sich aufgrund seines feinen Kräuter-Zitrus-Aromas hervorragend für die Zubereitung frischer Blattsalate.

Bärlauchöl

Zutaten

- 2 große Handvoll frischer Bärlauch
- 10 g schwarze Pfefferkörner
- 750 ml Sonnenblumenöl

Zubereitung

Die Bärlauchblätter gründlich reinigen, trocknen lassen und grob schneiden. Pfeffer grob zerstoßen.

Alle Zutaten in eine Flasche geben und mit Sonnenblumenöl auffüllen.

Nach vier Wochen abseihen und die Kräuter auspressen. In dunkle Flaschen abfüllen.

Knoblauchöl

Zutaten

- 100 g Knoblauch
- 500 ml Sonnenblumenöl

Zubereitung

Knoblauchzehen abziehen und kurz in kochendem Essigwasser blanchieren.

Die Hälfte im leicht erwärmten Öl rund 30 Minuten ziehen lassen. Die andere Hälfte in einer trockenen Pfanne leicht anrösten und abkühlen lassen. Dann beide Knoblauchmassen mit dem Sonnenblumenöl in eine Flasche füllen.

Nach zwei bis drei Wochen ist das Öl gebrauchsfertig.

Apropos

Durch das Blanchieren des Knoblauchs erhält dieses Öl einen sehr feinen, milden Knoblauchgeschmack und eignet sich daher auch wunderbar für Salate. Das Öl muss nicht abgeseiht werden, das Knoblaucharoma wird dadurch mit der Zeit noch intensiver.

Pilzöl

Zutaten

- 5 kleine Steinpilze
- 5 Salbeiblätter
- 1/2 TL Pfefferkörner
- 750 ml Sonnenblumenöl

Zubereitung

Die Pilze gründlich putzen und klein schneiden. Mit den anderen Zutaten im Sonnenblumenöl ansetzen und zwei bis drei Wochen ziehen lassen.

Salbeiblätter entfernen, in dunkle Flaschen füllen und kühl lagern.

Apropos

Pilzöl eignet sich vor allem für Pilzsalate oder zum Anbraten von Pilzen. Schnitzel oder Steaks bestreicht man mit Pilzöl und lässt sie 24 Stunden im Kühlschrank ziehen. Das Pilzöl verleiht ihnen einen unvergleichlichen Geschmack.

Pfefferöl

Zutaten

- 2 getrocknete Chilischoten
- 20 g bunte Pfefferkörner
- Je 5 g Majoran, Oregano und Thymian
- 750 ml Rapsöl

Zubereitung

Die Pfefferkörner grob zerstoßen. Kräuter reinigen und Blättchen abzupfen. Antrocknen lassen. Alle Zutaten in eine Flasche geben und mit Rapsöl auffüllen.

Zwei Wochen ziehen lassen, danach abseihen und in Flaschen füllen.

Apropos

Je nachdem, wie hoch der Anteil an schwarzen Pfefferkörnern in der Pfeffermischung ist, wird dieses pikante Würzöl schärfer oder milder ausfallen. Es eignet sich hervorragend zum Einlegen verschiedenster Fleischsorten.

Apropos

Chiliöl sollte stets aus getrockneten Chilischoten zubereitet werden, da frische Schoten leicht schimmeln. Wenn Sie frische Chilischoten verwenden, sollten Sie diese im Backrohr so lange backen, bis sich die Haut abziehen lässt, und die enthäuteten Schoten mit dem Öl ansetzen. Das dadurch gewonnene „Olio santo" ist aromatischer, aber sehr scharf. Chiliöl ist ein wunderbares Würzöl für alle Speisen, die etwas Schärfe vertragen. Achtung: Nach der Zubereitung die Hände gründlich reinigen!

Chiliöl

Zutaten

- 1 Handvoll getrocknete rote Chilischoten
- 1 Zweig Rosmarin
- 500 ml Olivenöl

Zubereitung

Die Chilischoten und den Rosmarinzweig in eine passende Flasche geben und mit Olivenöl auffüllen.

Nach zwei bis drei Wochen ist das Öl gebrauchsfertig. Es muss nicht abgeseiht werden.

Grillöl

Zutaten

- 4 halbierte Knoblauchzehen
- 1/2 Handvoll Salbeiblätter
- 1 großer Zweig Thymian
- 1 TL Currypulver
- 1/2 TL Paprikapulver
- 2 TL schwarze Pfefferkörner
- 500 ml Olivenöl

Zubereitung

Thymianblättchen abzupfen, Salbeiblätter grob zerkleinern. Pfefferkörner grob zerstoßen. Alle Zutaten gut vermengen und mit Öl aufgießen.

Zwei Tage im Kühlschrank ziehen lassen und das Fleisch darin über Nacht einlegen.

Apropos

Thymian, Salbei und Oregano sollen krebserregende Stoffe neutralisieren können, die beim Grillen entstehen. Diese Kräuter sollten also (ob frisch oder getrocknet) in keinem Grillöl fehlen.

Nussöl

Zutaten

- 200 g Wal- oder Haselnusskerne
- 1 l Rapsöl

Zubereitung

Die Nüsse grob hacken und mit dem Rapsöl aufgießen. Zwei Wochen an einem kühlen, dunklen Ort ziehen lassen.

Abseihen und in dunklen Flaschen kühl aufbewahren.

Das „Traumpaar" in der Küche

Essig und Öl KOMBINIEREN

Mit diesem kleinen Ratgeber wollen wir vor allem Lust darauf machen, Essige und Öle selbst zuzubereiten und fantasievoll mit Aromen und Kräutern zu spielen. Auf die breite Palette kulinarischer Einsatzmöglichkeiten soll hier nur am Rande eingegangen werden. Gleichwohl erlauben wir uns einen kleinen Schlenker in dieses Universum, der sich ebenfalls als Einladung zu eigenen Entdeckungsreisen versteht.

Essig und Öl sind eigenständige Lebensmittelpersönlichkeiten, die ihren Charakter unabhängig voneinander entfalten. Doch als Tandem gehen sie eine Symbiose ein, in der einer nicht ohne den anderen kann. Was wäre eine Salatsoße mit nur einer Komponente, entweder Essig oder Öl? Ein geschmackliches Fragment, das den Gaumen auch bei sonst besten Zutaten in unbefriedigter Ratlosigkeit rätseln ließe: „Irgendetwas fehlt doch da …?“

Mit ein paar ausgewählten Rezepten wollen wir Ihnen Essig und Öl als markante Einzelgänger und ebenso als kulinarisches Traumpaar in der Küche ans Herz legen. Im Salatdressing führen sie einen harmonischen Ehealltag und beim Festessen bescheren sie uns geschmackliche Höhenflüge.

Kein Patentrezept, aber viele Rezepte

Wichtiger als die Frage, welcher Essig und welches Öl zueinander und zu welchem Gericht passen, ist die Entscheidung für hohe Qualität. Essige und Öle sind Naturprodukte, die ihren Geschmack aus ihren Ausgangsstoffen beziehen und aus der Art der Gewinnung. Nur hochwertige, möglichst naturbelassene Essige und Öle können einem Gericht den entscheidenden Kick verleihen. Die edlen Würzmittel haben zwar ihren Preis, dafür müssen sie häufig nur sparsam dosiert werden. Nur ein paar Spritzer steirisches Kürbiskernöl verwandeln eine einfache Kürbiscremesuppe in eine Delikatesse; einige Tropfen Zwetschgenessig machen aus schlichtem Vanilleeis ein raffiniertes Dessert.

Die Wahl des „richtigen" Essigs und „richtigen" Öls ist vor allem eine Frage des persönlichen Geschmacks. Welche Aromen sollen unterstrichen, welche abgemildert werden? Manchmal ziehen sich Gegensätze an, manchmal wird geschmackliche Verwandtschaft gesucht. Alle Kombinationen sind denkbar, wobei sich manche besonders anbieten. So passen Essige mit ausgeprägtem Eigengeschmack – etwa ein Weinessig aus einer vollmundigen Beerenauslese – hervorragend zu würzigem Schimmelkäse, Topfenpalatschinken oder als Marinade für Fleisch und Fisch. Kräftige Essige und Öle können aber auch Grundprodukte mit wenig eigenem Aroma aufpeppen – Zucchini erhalten mit Knoblauch-Olivenöl den entscheidenden Pfiff, und bescheidener Blattsalat wird mit einem Schuss Himbeeressig zum Gedicht.

Neben dem eigenen Gespür und der geschmacklichen Zielsetzung ist die Herkunft der Gerichte eine Orientierungshilfe. Für mediterrane Gerichte empfehlen sich gute Weinessige und Olivenöle, für orientalische Sesamöl und Reisessig, bei mitteleuropäischen hat sich das gemischte Doppel von Apfelessig und Raps- oder Sonnenblumenöl bewährt.

Dennoch sind diese Kombinationen keineswegs ein Muss. In unseren globalen Zeiten ist, trotz der Besinnung auf regionaltypische Besonderheiten, Austausch und Begegnung nicht nur auf zwischenmenschlicher, sondern auch auf kulinarischer Ebene gefragt. Fazit: Es gibt kein Patentrezept, welches Öl und welcher Essig zueinander und zu welchem Gericht passen, aber es gibt viele unterschiedliche Rezepte. Lassen Sie sich von unserer kleinen Auswahl inspirieren!

Vinaigrette-Grundrezept

Zubereitung

Ein Teil Essig, drei Teile Öl: Das ist die Faustregel für die klassische französische Salatsoße, die Vinaigrette.

Zuerst werden Salz und Pfeffer im Essig kräftig verquirlt. Dann wird der Essig mit etwas Senf vermischt, damit sich Öl und Essig leichter verbinden. (Senf enthält Lecithin, das ist ein natürlicher Emulgator, ein Stoff also, der zwei sonst nicht miteinander mischbare Flüssigkeiten wie Öl und Wasser zu einer „Emulsion" vermengen kann.) Wer will, kann der Säure des Senfs mit etwas Zucker begegnen.

Erst wenn sich alle Gewürze gut im Essig gelöst haben, wird das Öl hineingerührt.

Würzige Vinaigrette

Zutaten

- 1 TL Salz
- 1/2 TL Pfeffer
- 1 TL Zucker (nach Bedarf)
- 1 EL Senf
- 1 Zweig Petersilie
- 1 Zehe Knoblauch
- 1 kleine Zwiebel
- 50 ml Weißweinessig
- 100 ml Maiskeimöl

Zubereitung

Vinaigrette nach dem Grundrezept (siehe oben) zubereiten.

Petersilie, Knoblauch und Zwiebel sehr fein hacken. Gewürze mit der Grundsoße gut verrühren.

Apropos

Vinaigrette ist nicht nur ein äußerst schmackhaftes Dressing für Blattsalate. Auch zu gebratenen Fischfilets oder zu gekochtem Spargel passt sie hervorragend.

Kräuter-Marinade

Zutaten

- 1 Handvoll frische Kräuter nach Belieben (Schnittlauch, Petersilie, Basilikum usw.)
- 1 EL scharfer Senf
- 1 TL Salz
- 50 ml Weißwein
- 100 ml Avocadoöl
- 100 ml Weißweinessig

Zubereitung

Die Kräuter fein hacken.
Alle Zutaten gut durchmischen.

Frisch über den Salat gießen.

Meerrettich-Dressing

Zutaten

- 3 EL frisch geriebener Meerrettich (österr. Kren)
- 1 TL Salz
- 50 ml Weißwein
- 100 ml Apfelessig
- 100 ml Sonnenblumenöl

Zubereitung

Essig, Wein und Salz gut verrühren.

Mit einem Schneebesen das Öl und den Meerrettich unterrühren.

Sofort verwenden.

Apropos

Besonders fein schmeckt dieses Dressing zu Fleischsalaten, vor allem zu Rindfleischsalat. Aber auch zu gegrilltem Ziegenkäse auf Blattsalaten entfaltet es sein besonderes Aroma.

Sherry-Roquefort-Dressing

Zutaten

- 20 g Roquefort
- 2 EL saure Sahne
- 1/2 TL Salz
- 1/2 TL Pfeffer
- 2 EL Sherryessig
- 6 EL Olivenöl

Zubereitung

Den Roquefort fein krümeln. Essig, Salz, Pfeffer, Olivenöl und saure Sahne hinzufügen und zu einem cremigen Dressing verrühren.

Apropos

Sherry-Roquefort-Dressing ist ein idealer Begleiter von Blattsalaten. Fügt man diesen noch gekochte Eier, Avocadoscheiben, Tomaten und etwas gebratene Hühnerbrust hinzu und bestreut das Ganze mit gerösteten Weißbrotwürfeln, wird daraus eine sommerliche Hauptspeise.

Pikantes Dressing

Zutaten

- 200 g Mayonnaise
- 100 g pikantes Ketchup
- 10 schwarze Pfefferkörner
- 1 EL Salz
- 50 ml Armagnac
- 1 Handvoll frische Kräuter der Saison
- 100 ml Sherryessig

Zubereitung

Die Kräuter hacken und die Pfefferkörner fein zerstoßen.

Alle anderen Zutaten hinzufügen und sorgfältig mischen.

Apropos

Dieses Dressing eignet sich besonders für Wurstsalate.

Spinatsalat mit Lachs und Ei

Zutaten

für 4 Portionen

- 500 g Lachsfilet
- 1/4 l trockener Weißwein
- 1 Prise Salz
- 4 Eier
- 100 g Champignons
- 40 g junge Spinatblätter
- 2 TL Senf
- 1 Prise Zucker
- 2 EL Weißweinessig
- 6 EL Maiskeimöl
- 2 EL Walnussöl

Zubereitung

Weißwein mit Salz in einem flachen Topf erhitzen. Lachsfilet darin bei milder Hitze acht Minuten pochieren, im Sud abkühlen lassen.

Eier hart kochen, abschrecken und schälen. In Viertel teilen.

Spinatblätter putzen, mehrfach waschen und trocken schleudern.

Champignons putzen und blättrig schneiden.

Essig, Salz, Zucker und Senf verrühren. Beide Ölsorten mit dem Schneebesen einrühren.

Spinatblätter mit der halben Menge Salatsoße mischen und auf vier Teller verteilen. Lachsfilet grob zerpflücken.

Eiviertel, Lachs und Champignons auf dem Spinat verteilen und mit der restlichen Salatsoße beträufeln.

Apropos

Dieses Gericht können Sie auf die gleiche Weise mit frischem Thunfischfilet zubereiten. Wenn Sie den Thunfisch, anstatt ihn zu pochieren, von beiden Seiten kurz in einer Pfanne mit sehr heißem Fett anbraten, bleibt er in der Mitte rosa und ist besonders saftig.

Würziger Thaisalat

Zutaten
für 2 Portionen

- 250 g gebratene Hühnerbrust
- 50 g geschälte Mandeln
- 1 große Orange
- 1 mittelgroße Zwiebel
- 1 Handvoll junge Spinatblätter
- 1 Handvoll Friséesalat
- 2 El eingelegter Ingwer
- 1 Knoblauchzehe
- 2 TL brauner Zucker
- 1 EL Orangensaft
- 1 EL asiatische Fischsoße
- 125 ml Reisessig
- 2 TL Sesamöl

Zubereitung
Ingwer, Sesamöl und zerstoßenen Knoblauch in einem Topf erhitzen und den braunen Zucker darin auflösen. Abkühlen lassen. Orangensaft und Fischsoße hinzufügen und eine Stunde ziehen lassen.

Mandeln in etwas Fett leicht anrösten. Orange schälen und filetieren. Zwiebel und gebratene Hühnerbrust in feine Streifen schneiden.

Gemeinsam mit den gründlich gewaschenen und trocken geschleuderten Blattsalaten in einer Schüssel anrichten und mit der Marinade vermengen.

Erdbeeren mit Aceto Balsamico

Zutaten

- 500 g frische Erdbeeren
- 50 g Zucker
- 60 ml Aceto Balsamico
- 1/2 TL Honig
- 1 Prise Pfeffer

Zubereitung
Die Erdbeeren waschen und entstielen.

Alle Zutaten vermischen, ziehen lassen und abschmecken.

Mit Vanilleeis und Sahne servieren.

Geeiste Tomatensuppe

Zutaten
für 4 Portionen

- 800 g vollreife Tomaten
- 3 EL Olivenöl
- 150 ml Tomatensaft
- 150 ml Gemüsefond
- 100 ml trockener Weißwein
- 2 EL Aceto Balsamico
- 4 Knoblauchzehen
- Je 1 TL fein gehackter Rosmarin, Thymian, Oregano und Basilikum
- Je 1 Prise Salz und Pfeffer
- Basilikumblätter zur Dekoration

Zubereitung
Die Tomaten häuten, vierteln und entkernen. 600 g Tomaten pürieren und mit Olivenöl vermischen, die restlichen Tomaten würfeln. Den Knoblauch schälen und in feine Scheiben schneiden.

Gemüsefond, Wein und Aceto Balsamico aufkochen. Die Knoblauchscheiben und die gehackten Kräuter zugeben und ein bis zwei Minuten kochen lassen, bis der Knoblauch weich ist.

Die pürierten Tomaten zugeben und noch einmal aufkochen. Mit Salz und Pfeffer abschmecken. Die Suppe im Kühlschrank gut durchkühlen lassen.

Mit den Tomatenwürfeln und dem gehackten Basilikum garnieren.

Apropos
Dazu passen geröstete Baguettescheiben oder Knoblauchcroûtons.

Ananas-Chutney

Zutaten

- 1 große Ananas
- 200 g Schalotten
- 200 g Zucker
- 1 EL schwarze Pfefferkörner
- 2 Gewürznelken
- 100 ml Rotwein
- 50 ml Cognac
- 200 ml Apfelessig

Zubereitung

Die Ananas schälen, den holzigen Kern entfernen und klein würfeln. Die Schalotten fein hacken.

Pfeffer und Nelken in einem Mörser fein zerstoßen.

Alle Zutaten mit dem Wein, dem Apfelessig und dem Cognac in einen Topf geben und zum Kochen bringen.

Etwa 30 Minuten köcheln, bis die Masse eingedickt ist.

Noch heiß in Gläser füllen und verschließen.

Kühl und dunkel lagern.

Apropos

Chutneys sind besonders in der asiatischen Küche beliebt. Die würzige Paste passt zu Fleisch, Fisch, aber auch zu Reis- und Nudelgerichten. Chutneys halten ungeöffnet etwa vier bis sechs Monate; nach dem Öffnen sollten sie im Kühlschrank gelagert und zügig verbraucht werden.

Essig und Öl – die Allround-talente

Gesund und schön MIT ESSIG UND ÖL

Oliven- und Sesamöl wurden schon in der Antike zur Körperpflege verwendet. Sie sind frei von Konservierungsstoffen und ähneln in ihrer Zusammensetzung der Struktur unserer Haut.

Auch Essig ist seit Jahrhunderten als Hausmittel gegen allerlei Leiden in Gebrauch: „Sauer macht lustig" – diese Redensart hält sich seit dem 17. Jahrhundert. Gemeint ist freilich nicht die erheiternde Grimasse, die wir beim Biss in eine Zitrone schneiden, sondern die appetitanregende Wirkung saurer Speisen. Mit der Lust aufs Essen kommt die gute Laune zurück. Darüber hinaus wirkt Essig reinigend, straffend, fördert die Durchblutung der Haut und unterstützt ihren Säureschutzmantel.

Natürlich ersetzen Essig und Öl keinen Arzt; bei leichten Wehwehchen, bei ersten Symptomen, etwa einer Erkältung, und bei unangenehmen Allerweltsleiden wie Fußpilz oder Schuppen im Haar sind sie unkomplizierte und wirksame Helfer aus der Apotheke der Natur, die obendrein den Geldbeutel schonen.

Anwendungen mit Pflanzenölen

Als Faustregel gilt: Je längerkettig eine Fettsäure ist, desto „schwerer" ist das Öl und desto besser für ältere und reifere Haut geeignet. „Leichte" Öle mit kurzkettigen Fettsäuren hingegen ziehen leicht ein und sind ideal für die Pflege von junger Haut.
Wenn Sie die Öle nicht selbst ansetzen wollen, können Sie sich auch mit hochwertigen Aromaölen behelfen, von denen wenige Tropfen ausreichen, um das Trägeröl zu aromatisieren.

Anti-Cellulitis-Öl

- **10 Tropfen Grapefruitöl**
- **1 TL Jojoba- oder Erdnussöl**

Die Öle mischen und energisch einmassieren. Besonders geeignet zur unterstützenden Behandlung von Orangenhaut: Der straffende Effekt wird durch die Kombination mit Gymnastik verbessert.

Johanniskrautöl

- **250 ml Olivenöl**
- **125 g frische Johanniskrautblüten**

Die Blüten mit dem Öl übergießen, acht Wochen lang an einem warmen Ort ziehen lassen. Wenn sich das Öl rot verfärbt hat, hat das Johanniskraut seine Wirkstoffe übergeben und kann abgesiebt werden. Johanniskrautöl hilft bei Prellungen, Rheuma, Sonnenbrand und Verbrennungen.

Lavendelöl

- **250 ml Olivenöl**
- **2 Handvoll Lavendelblüten**

Die Blüten mit Öl übergießen, fünf bis sechs Wochen ziehen lassen, dann durchsieben. Lavendelöl beruhigt, lindert Muskel- und Kopfschmerzen und kräftigt die Haut. Außerdem ist es ein hervorragender Badezusatz.

Thymianöl

- **250 ml Raps- oder Olivenöl**
- **Einige Thymianzweige**

Den Thymian mit Öl übergießen, drei bis vier Wochen ziehen lassen, dann durchsieben. Ein Vollbad mit Thymianöl empfiehlt sich bei einer beginnenden Erkältung: Thymian schützt die Atemwege.

Rosmarinöl

- **250 ml Rapsöl**
- **Einige Rosmarinzweige**

Den Rosmarin mit Öl übergießen, drei bis vier Wochen ziehen lassen, dann durchsieben. Ein bis zwei Esslöffel Rosmarinöl im Vollbad beleben und erfrischen.

Traubenkernöl-Packung

- **1 EL Traubenkernöl**
- **2 EL Naturjoghurt**

Öl mit dem Joghurt verrühren, auf Ge - sicht und Hals auftragen und 15 Minuten einwirken lassen. Danach ist die Haut sichtbar glatter und fühlt sich samtweich an.

Haarkur

- **3 TL Sesamöl**
- **3 Eigelb**
- **2 TL Honig**

Alle Zutaten verquirlen und ins trockene Haar einmassieren. Die Haare mit einer Folie abdecken und mit einem Handtuch umwickeln. Die Kur sollte zwei Stunden einziehen, danach die Haare mit einem milden Shampoo waschen.

Honigbad mit Rapsöl

- **250 g Honig**
- **250 ml organisches Rapsöl**
- **1 Handvoll Calendulablüten**

Die Zutaten vermischen und gut verrühren, für ein Vollbad genügen zwei Esslöffel. Das Honig-Öl-Bad pflegt und erfrischt.

Anti-Zecken-Öl

- **30 ml Jojobaöl**
- **10 Tropfen Nelkenöl**
- **10 Tropfen Lavendelöl**

Die Öle mischen und gefährdete Hautpartien damit einmassieren.

Wundheilungsöl

- **15 ml Haselnussöl**
- **15 ml Hagebuttenkernöl**
- **0,5 ml Strohblumenöl**

Die Öle mischen und auf Wunden und Narben auftragen.

Mundspülung

Morgendliche Mundspülungen mit Oliven-, Sonnenblumen-, Distelöl oder einem anderen hochwertigen, kalt gepressten Öl sollen entgiften, das Immunsystem stärken und bei einer ganzen Palette von Beschwerden (Bronchitis, Darmprobleme, Pilzerkrankungen) helfen. Ein Esslöffel Öl wird zehn Minuten lang „gekaut" beziehungsweise durch die Zähne gezogen und dann ausgespuckt.

Anwendungen mit Essig

Insbesondere der Apfelessig erlebt eine Renaissance als Großmutters Allheil- oder gar Wundermittel aus der Apotheke der Natur. Das ist er sicher nicht, wenngleich sich Apfelessig für die innere Anwendung anbietet, weil er außer mit seinen Essigeigenschaften auch mit Spuren von Vitaminen und Mineralstoffen aufwarten kann. Er kann daher bei leichteren Beschwerden helfen und vorbeugend gegen Krankheiten schützen. Für therapeutische oder kosmetische Anwendungen machen Sie den Apfelessig am besten selbst oder kaufen Sie nur erste Qualität.

Apfelessigtrunk

Essig regt die Bauchspeicheldrüse an und hilft unserem Verdauungsapparat bei der Verstoffwechslung von Kohlenhydraten und Fetten sowie beim Eiweißabbau. Manche Essigfans schwören auf einen morgendlichen Essigtrunk, um ihre Lebensgeister und insbesondere den Magen zu wecken. Dazu mischen Sie ein Glas lauwarmes Wasser mit zwei Teelöffeln Apfelessig und einem Teelöffel Honig.
Dieser Trank ist auch als unterstützende Begleitung von Diäten beliebt, ersetzt bei Übergewicht freilich nicht die Umstellung der Ernährungsgewohnheiten in Kombination mit Bewegung.

Apropos

Ernährungsberater weisen uns immer wieder darauf hin, dass die Ursache für chronische Müdigkeit, Konzentrationsprobleme und allgemeine Schwäche eine Übersäuerung unseres Stoffwechsels sein kann. Die Ursache dafür sind allerdings nicht saure Nahrungsmittel, sondern Säuren, die nicht sauer schmecken und vor allem in Fleisch, Zucker und Alkohol enthalten sind.

Erkältungssaft

Die Mischung aus einer Tasse heißem Wasser, drei Esslöffeln Apfelessig und sechs Teelöffeln Honig soll einen prima Erkältungs- und Hustensaft ergeben.

Fußbad mit Essig
Ein paar Esslöffel Essig im Fußbad helfen bei Schweißfüßen, eine Lösung von etwa einem Drittel Essig und zwei Drittel Wasser auch bei Fußpilz. Die Füße sollten täglich einmal im lauwarmen Essigwasser gebadet werden. Auch wenn die Symptome nach ein bis zwei Wochen verschwunden sind, sollte die Behandlung noch für ein paar Tage fortgesetzt werden.

Blasentinktur
Bestreichen Sie das Übel täglich mehrfach mit purem Essig oder einem Brei von in Essig getränktem Brot. Die Blasen werden sich schnell abschälen. Auch Warzen und Hühneraugen kann man auf diese Weise behandeln, ihr Verschwinden ist allerdings eine Geduldsprobe.

Essigwickel
Bewährtes Hausmittel gegen Fieber: Kaltes Wasser und Essig werden 1 : 1 vermischt. Zwei Tücher darin tränken, leicht auswringen und beide Waden damit umwickeln. Anschließend trockene Tücher darüberwickeln. Sobald die Wadenwickel Körpertemperatur erreicht haben, werden sie ausgetauscht. Nach etwa drei Wickeln sollte das Fieber gesunken sein. Die Wadenwickel dürfen nur bei warmen Füßen angewendet werden.

Gesichtswasser
Eine Mischung aus einem Teil Apfelessig und einem Teil Wasser ergibt ein reinigendes und straffendes Gesichtswasser, insbesondere für die unreine Haut. Der tut auch ein erfrischendes Essigbad gut: Dafür wird das Badewasser mit einem Viertelliter Obst- oder Kräuteressig angereichert.

Kosmetiktinktur
Unverdünnt mit dem Wattestäbchen auf die betroffenen Stellen getupft, hilft Essig bei Pickeln und Ekzemen. Auch gegen Sonnenbrand und Insektenstiche hat er sich bewährt: Er lindert den Juckreiz und fördert die Heilung.

Haarspülung
Spülungen mit Kräuteressig, der 1 : 1 mit warmem Wasser gemischt wird, sollen insbesondere störrisches und stumpfes Haar weich und glänzend machen.

Essig IM HAUSHALT

Zur Verwendung als Reinigungs- und Desinfektionsmittel ist selbst gemachter Essig viel zu schade. Ausnahmsweise verwendet man dafür günstigen Branntwein- oder einen anderen Essig aus dem Supermarkt.

Bleichmittel

Essig reinigt und bleicht. Flecken in Kleidung werden in einer Essig-Wasser-Mischung (1 : 4) eingeweicht und anschließend ausgewaschen.

Fleckentferner

Mit einer Wasser-Essig-Lösung im Verhältnis 1 : 1 können Streusalzränder an Schuhen entfernt werden. Angenehmer Nebeneffekt: Auch die Lederfarbe wird dadurch aufgefrischt. Auch hartnäckige Flecken auf Polstern und Teppichen lassen sich so beseitigen (zuvor an einer unauffälligen Stelle testen).

Putzmittel

Mit Essig lassen sich Spuren von alten Aufklebern und Tapetenreste entfernen und angebrannte Töpfe und Pfannen leichter reinigen, ebenso verschmutzte Bügeleisen. Auch für streifenfreien Fensterputz und zum Schutz vor vereisten Windschutzscheiben eignet sich Essig wunderbar.

Kalklöser

Für das Entkalken von Kaffeemaschine und Duschkopf ist Essig eine tolle Alternative zu handelsüblichen Mitteln: eine Tasse Essig dem Kaffeewasser zusetzen und Maschine durchlaufen lassen (nachspülen nicht vergessen!); Duschkopf abschrauben und über Nacht in heißem Essigwasser einweichen. Kalkränder in Toiletten, Waschbecken und auf Fließen können mit unverdünntem Essig behandelt werden.

Bezugsquellen und Adressen

Essig

Österreich

Schnapsbrennerei & Essigmanufaktur Gölles
Stang 52, A-8333 Riegersburg
Tel.: +43 (0)31 53 75 55
Fax: +43 (0)31 53 75 55 30
www.goelles.at

Holzeis Kellereibedarf Knopf GmbH
Fachversand und Fachgeschäft für Hobby-Bierbrauer, -Schnapsbrenner, -Winzer
Detail- & Großhandel
Gurkgasse 16, A-1140 Wien
Tel.: +43 (0)1 982 62 40
Fax: +43 (0)1 982 82 08
www.holzeis.at

Kellereifachgeschäft Maurer
Laahener Straße 72, A-4600 Wels
Tel.: +43 (0)72 42 463 54
Fax: +43 (0)72 42 463 54 20
www.mostshop.at

Obsthof Neumeister
Wieden 17, A-8345 Straden
Tel.: +43 (0)34 73 824 90
Fax: +43 (0)34 73 824 94
www.obsthof-neumeister.at

Wiener Essigbrauerei
Firma Gegenbauer
Waldgasse 3, A-1100 Wien
Tel.: +43 (0)1 604 10 88
Fax: +43 (0)1 604 10 88 22
www.gegenbauer.at

Deutschland

Hausbrauerei Nürnberger Altstadthof e. K.
Bergstraße 19–21, D-90403 Nürnberg
Tel.: +49 (0)911 244 98 59
Fax: +49 (0)911 23 55 53 65
www.Hausbrauerei-Altstadthof.de

Dinses Culinarium
Weihersgärten 26
D-35415 Pohlheim
Tel.: +49 (0)60 04 915 96 00
Fax: +49 (0)60 04 915 96 02
www.dinsesculinarium.de

Achim Hambrecht e. K.
Essig Manufaktur & Handelskontor
Weißenberg 35
D-69231 Rauenberg
Tel.: +49 (0)62 22 22 88
Fax: +49 (0)62 22 88 00
www.Hambrechts.de

Essigmanufaktur Frank Kaltenthaler
Richard-Knies-Straße 67
D-67550 Worms-Herrnsheim
Tel.: +49 (0)62 41 517 92
Fax: +49 (0)62 41 20 34 87
www.essig-kalthenthaler.de

Bienenhof und Essigmanufaktur
Pausch GmbH
Unterschnatterbach 3
D-85298 Scheyern
Tel.: +49 (0)84 45 929 98 82
Fax: +49 (0)84 45 929 98 81
www. bienenhof-pausch.de

ReKru GmbH
Brennerei, Kellereibedarf
Betznauer Straße 28
D-88079 Kressbronn
Tel.: +49 (0)75 43 77 44 oder -77 42
Fax: +49 (0)75 43 51 35
www.rekru.de

Vierka Friedrich Sauer GmbH & Co
Kellereibedarf
Postfach 1328
D-97628 Bad Königshofen
Tel.: +49 (0)97 61 918 80
Fax: +49 (0)97 61 91 88 44
www.vierka.de

Essigmanufaktur Voß-Wölker
Ruländerstraße 18, D-55270 Zornheim
Tel.: +49 (0)61 36 76 35 84
www.essig-voss-woelker.de

Weyers Essigmanufaktur
Ostbaarstraße 11
D-78166 Donaueschingen-Aasen
Tel.: +49 (0)7 71 158 81 61
Fax: +49 (0)7 71 158 81 62
www.essigmanufaktur.de

Öl

Österreich

Hanfwelt Riegler-Nurscher
Straß 1, A-3243 Sankt Leonhard am Forst
Tel.: +43 (0)27 56 80 96
Fax: +43 (0)27 56 80 96
www.hanfwelt.at

Leopoldmühle KG
Frauentaler Straße 120
A-8530 Deutschlandsberg
Tel.: +43 (0)34 62 22 94
Fax: +43 (0)34 62 22 94 15
www.oelmuehleleopold.at

Waldviertler Mohnhof
Familie Gressl
Haiden 11, A-3631 Ottenschlag
Tel.: +43 (0)28 72 74 49
Fax: +43 (0)28 72 7 44 94
www.mohnhof.at

Deutschland

Ölmühle Ditzingen
Albert und Manfred Störzbach
Johannes-Fuchs-Straße 5, D-71254 Ditzingen
Tel.: +49 (0)71 56 82 49
Fax: +49 (0)71 56 83 72
www.oelmuehle-ditzingen.de

Historische Ölmühle Illingen
Familie Krauth
Mühlstraße 1, D-75428 Illingen
Tel.: +49 (0)70 42 2 25 80
(Montag bis Freitag, 8–9 Uhr)
Fax: +49 (0)70 42 911 87 73
info@oelmuehle-illingen.de

Olive E Piú Marzak KG
Ennenstraße 2a, D-50825 Köln
Tel.: +49 (0)221 550 91 42
Fax: +49 (0)221 550 98 78
www.olive-e-piu.de

Ölmühle Solling GmbH
Höxtersche Straße 1, D-37691 Boffzen
Tel.: +49 (0)52 71 966 66 0
Fax: +49 (0)52 71 966 66 66
www.oelmuehle-solling.de

Literatur

Braunschweig, Ruth von:
Pflanzenöle, Qualität, Anwendung und Wirkung
Wiggensbach: Stadelmann Verlag, 2007

Fischerauer, Andreas:
Essig & Senf selbstgemacht
Graz: Leopold Stocker Verlag, 2007

Löw, Harald:
Pflanzenöle, Anbau und Verarbeitung der gängigen Ölpflanzen, Herstellung von Spezial- und Gewürzölen
Graz: Leopold Stocker Verlag, 2003

Strallhofer, Peter:
Hausgemacht: Saures für die Vorratskammer
Wien: Österreichischer Agrarverlag, 2003

Rezeptregister

Die Welt der Essige

Die Welt der Öle

Das „Traumpaar" in der Küche

Essig und Öl – die Allroundtalente

Dank

Wir danken dem Essigmacher Leo Weyers für die beratende und informative Unterstützung. Er betreibt in Donaueschingen Deutschlands älteste Essigmanufaktur und half uns, seriöse von unseriösen Informationen zu unterscheiden, wie sie im Internet kursieren.

Bildquellen

Umschlag:
WerkMedia/Dave Allen www.iStockphoto.com

Inhalt:
www.Fotolia.com:
Seiten 2, 8, 11, 12, 14, 15, 18, 20, 22, 28, 29, 33, 34, 36, 44, 46, 48, 49, 50, 52, 53, 54, 55, 56, 58, 59, 61, 68, 71, 72, 73, 83, 85, 86, 88, 89, 90
www.iStockphoto.com:
Seiten 4, 10, 13, 21, 24, 25, 27, 30, 31, 40, 80, 81, 82
www.Waldhaeusl.com:
Seiten 16, 23, 26, 32, 42, 60, 76, 87, 91
Westend61/picturedesk.com:
Seite 64
Manfred SEELOW/Eyedea/picturedesk.com:
Seite 74
Nack, Christina:
Seite 17

Die Rezepte auf den Seiten 67 unten, 77 beide, 78 unten und 83 wurden entnommen aus:
Strallhofer, Peter: Saures für die Vorratskammer. Wien: Österreichischer Agrarverlag, 2003.

Impressum

Druck- und Verlagsges.m.b.H. Nfg. KG,
Sturzgasse 1a, A-1141 Wien
E-Mail: buch@avbuch.at, Internet: www.avbuch.at

Deutsche Nationalbibliothek – CIP-Einheitsaufnahme
Die Deutsche Nationalbibliothek verzeichnet diese Publikation in der Deutschen Nationalbibliografie; detaillierte bibliografische Daten sind im Internet über http://dnb.ddb.de abrufbar.

Projektleitung: Brigitte Millan-Ruiz, avBUCH
Redaktion: Iska Millan-Ruiz, Korneuburg
Umschlag & Layout: Ravenstein + Partner, Verden
Satz: armanda,geisler Wien
Bildreproduktion: Hantsch & Jesch
PrePress Services OG, Wien

Druck und Bindung: Westermann Druck, Zwickau
Printed in Germany

ISBN: 978-3-7040-2352-0